VAMOS PRA COZINHA?

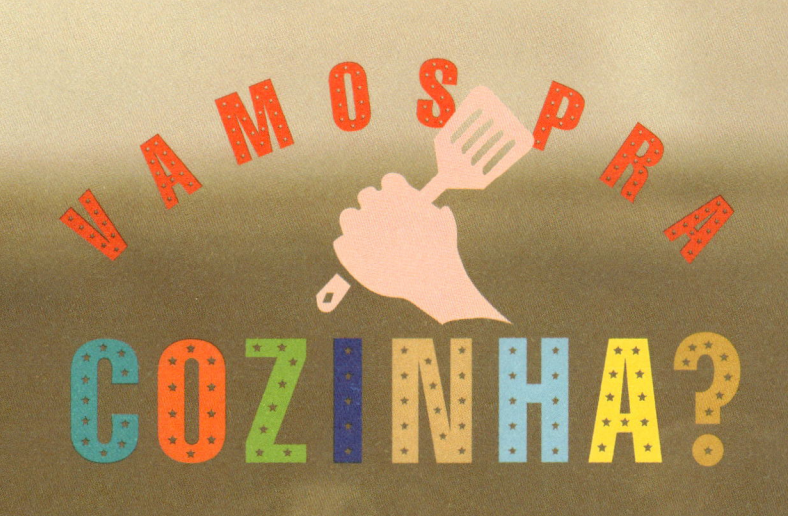

Dedicamos este livro
a todas as crianças,
aos leitores, a Santiago,
filho da Gabriela,
e a Roberta e Julia,
filhas da Betty, que
já foram crianças e
agora cresceram

EDITOR
Alexandre Dórea Ribeiro

COORDENADORA EDITORIAL
Andrea M. Santos

EDITORA EXECUTIVA
Adriana Amback

DESIGN
sk2design (Suli Kabiljo)

REVISÃO DE TEXTO
Norma Marinheiro

PRODUÇÃO GRÁFICA
Edgar Kendi Hayashida
(Estúdio DBA)

PRÉ-IMPRESSÃO
Magda Barkó

IMPRESSÃO E ACABAMENTO
Prol Gráfica

Copyright © 2011 by Betty Kövesi e Gabriela Martinoli

Reservados todos os direitos desta obra. Proibida toda e qualquer reprodução desta edição por qualquer meio e forma, seja ela eletrônica, mecânica, fotocópia, gravação ou qualquer meio de reprodução, sem permissão expressa do editor.

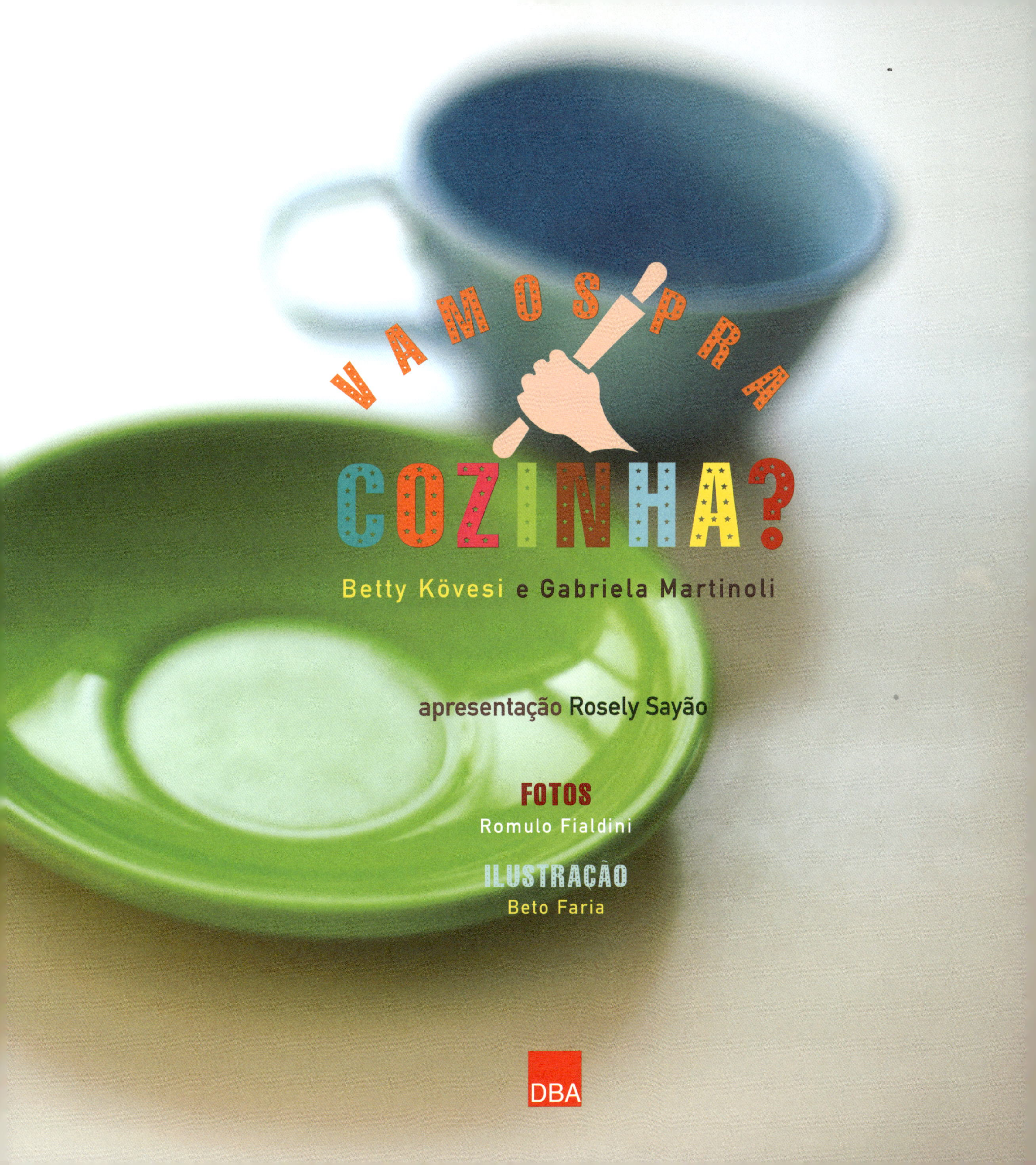

VAMOS PRA COZINHA?

Betty Kövesi e Gabriela Martinoli

apresentação Rosely Sayão

FOTOS
Romulo Fialdini

ILUSTRAÇÃO
Beto Faria

DBA

Quem somos?

Começando com as apresentações, somos duas as autoras deste livro: a Gabriela, que é chef, e a Betty, que dá aula de cozinha para crianças. Pensamos em juntar nossas habilidades e ajudar crianças e adultos a se descobrirem na cozinha.

RECADO PARA OS ADULTOS

A vida anda corrida – isso ninguém discute – mas queremos mostrar que cozinhar não dá tanto trabalho assim. Na verdade, queremos dizer um pouco mais... Levar uma criança para a cozinha pode ser uma farra: estreita relações, estimula a criatividade e pode ajudá-la a comer melhor, **experimentar mais e resistir menos!**

Criança que vai para a cozinha, toca os ingredientes, fica curiosa, e **GLUB**, vai provando sempre que dá vontade o que cai da tigela e o que fica entre os dedos.

A transformação dos alimentos também tem seu fascínio, e quando a comida fica pronta, a curiosidade volta: "Como será que ficou?" E **GLUB** outra vez.

Além do mais, cozinhar tendo uma criança como companhia – seja você pai, mãe, irmã, tio, avó, padrinho, amigo – é muito gostoso. E pode criar uma relação de **cumplicidade** que será lembrada por toda a vida.

AFINAL, COZINHAR É LÚDICO. É BRINCAR COM A VIDA REAL!

RESUMINDO...
Cozinhar com crianças pode ser um rico campo de descobertas e, como consequência, ampliar as chances de elas virem a fazer escolhas mais conscientes sobre sua alimentação pela vida afora, além de ser um belo exercício de criatividade. Este livro é o nosso **empurrão**.

recado para as crianças

Este livro quer despertar a sua curiosidade, fazer um avental pular no seu pescoço e levá-lo em direção à cozinha. Quem sabe apresentar um mundo novo, repleto de desafios, que não pertence apenas aos adultos, mas a todo o mundo. Não importa a sua idade, **a ideia é se aventurar!**
Se ainda assim você precisar de um estímulo, pense bem... Cozinhar leva uma vantagem sobre qualquer outro assunto que se aprende. Sem querer puxar a brasa para a nossa sardinha, depois de ter aprendido, quer dizer, depois que a comida estiver pronta, você ainda poderá saboreá-la.
Que tal?
MÃOS À OBRA!

ERA UMA VEZ... 14
Rosely Sayão

PRA INÍCIO DE CONVERSA... 19
- Criança pode ir pra cozinha? 19
- Quando? 19
- O que é uma receita? 19
- O iniciante e o experiente 20
- Intuição e equilíbrio 20

POR ONDE COMEÇAMOS? 21
- Higiene 21
- Conforto 21
- Segurança 21
- Qual é a idade certa? 21

NOSSAS DICAS PRECIOSAS 23
- Leia a receita e faça suas compras com antecedência 23
- A hora de fazer a comida 23
- Junte os utensílios e ingredientes 23
- O paninho mágico 23
- E se a receita não sair como esperado? 24
- Aproveite os alimentos ao máximo 24

TODA COZINHA TEM... 25
- Nossos utensílios 27
- Eles estão na nossa mesa, mas de onde vieram? 28

É IMPORTANTE SABER COMO... 31
- Lavar e higienizar os alimentos 31
- Banho-maria 31
- Cozinhar ovos 32
- Quebrar ovos 32
- Separar a clara da gema 32
- Untar fôrmas e assadeiras 34
- Manteiga em temperatura ambiente 34
- Medidas 34
- Sal 36
- Pimenta-do-reino 36
- Emulsionar 37
- Creme de leite 37
- Preaquecer o forno 37

NÃO DEIXE DE LER 39

COZINHEIROS EM AÇÃO 43
- Começo 45
- Meio 61
- Fim 101
- Sempre 123

PARA OS DIAS ESPECIAIS 146

COZINHANDO COM AFETO 148
- Cada um tem a sua história 148
- Memória afetiva 148
- Memórias afetivas da Betty 149
- Memórias afetivas da Gabriela 149

ÍNDICE DE RECEITAS 153

ERA UMA VEZ...

Rosely Sayão

Era uma vez uma criança que adorava ficar perto da avó e da mãe quando elas estavam na cozinha preparando as refeições para a família.

Ela espiava, cheirava, ia de lá para cá, observando tudo muito bem, e tentava fazer alguma coisa, mas nada da mãe dela deixar.

"Lugar de criança não é na cozinha", ouvia sempre. Mas ela nunca desistia de tentar porque, na hora da família almoçar ou jantar, ela bem que via a cara de felicidade de todos ao comerem as gostosuras que a mãe fazia.

Essa criança continuou tentando mexer na cozinha e, enquanto tentava, ela cresceu sem nem perceber. Cresceu olhando a cozinha de longe, mas, quando fechava os olhos, fazia de conta que ela era a dona daquele lugar.

Era ela que preparava a sopa para as irmãs quando elas ficavam doentes, que fazia o almoço de domingo que todo o mundo elogiava, que inventava receitas novas... uma festa na cozinha era o que ela fazia de olhos bem fechados, sonhando acordada sempre que podia.

Um dia, ela cresceu – mas ainda nem era gente grande – e ficou pronta para ter a autorização da mãe para fazer comida naquela cozinha que ela já conhecia bem de olhos fechados. Você pode imaginar a alegria dela?

Bom, o tempo foi passando sem ela nem perceber e, um dia, ela viu-se em sua própria cozinha preparando o jantar para seus dois filhos: uma menina, como ela, e um menino.

As crianças faziam o mesmo que ela havia feito quando era criança: queriam participar de tudo o que ela fazia. E ela não só deixou, como também incentivou, orientou, ajudou.

E desse dia em diante, sempre faziam o jantar juntos. E depois, achavam uma delícia comer o que eles mesmos haviam preparado. Eles achavam o máximo uma cenoura, que é tão dura, se transformar em suflê. E adoravam fazer suspiro! Hummmm... Sentir o cheiro da comida sendo feita, experimentar o gosto disto e daquilo, marcar com cinco estrelas o que mais gostavam.

E o que dizer então de fazer a comida preferida quando um deles estava doente ou triste, só para alegrar aquela pessoa tão querida? Ou então, só para pedir desculpas depois de um desentendimento. Não tem coisa mais gostosa.

Agora que você já sabe esta história, vou contar um segredo: esta é a minha história. E a de meus filhos também.

Agora, somos todos gente grande e, mesmo assim, continuamos a brincar na cozinha, a surpreender um ao outro aprendendo a fazer uma receita diferente, a pedir desculpas fazendo a comida preferida, a tentar alegrar uns aos outros com uma comida deliciosa quando bate uma tristeza....

Você também pode construir uma história bem gostosa na cozinha com sua família. E, se você quiser fazer isso, este livro vai ajudar muito.

BOA COZINHA PRA VOCÊ TAMBÉM!

crianças

GRANDES

e pequenas

vamos pra COZINHA?

Criança combina com cozinha assim como macarrão com molho de tomate, pão com queijo e sorvete com calda de chocolate.

QUANDO?
A qualquer hora. Se houver um adulto por perto com tempo e paciência para responder às suas perguntas e orientar os passos da receita, esta é a deixa. Que tal convidá-lo pra ser seu ajudante?

Se for a primeira vez que você entra na cozinha, nossa sugestão é que faça apenas uma receita. No máximo duas!

É importante também dividir as tarefas de acordo com as possibilidades de cada um.

MAIS UMA PERGUNTA...

O QUE É UMA RECEITA?
Bom… receita é a **escrita de um prato que deu certo!** Quem inventou não seguiu uma receita. Estava tudo na cabeça. Primeiro, fez a comida, provou, humm… gostou e depois escreveu!

12 COZINHEIROS = 12 BOLOS ≠S

O INICIANTE E O EXPERIENTE
Tem gente que está dando os **primeiros passos**, outros cozinham de **olhos fechados**. Mas não se incomode com isso, o que separa o iniciante do cozinheiro experiente é o tempo que cada um já passou cozinhando. Nada impede que depois de algum tempo você se torne um **craque no assunto**.

Normalmente, o iniciante precisa de uma receita para aprender como se faz determinado prato. Já uma pessoa com mais experiência, usa a receita como guia e vai seguindo e adaptando ao seu gosto ou ao seu jeito de cozinhar.

A sabedoria popular costuma dizer que uma mesma receita na mão de doze cozinheiros nunca sai igual. Se for um bolo então… O do primeiro cozinheiro pode ficar mais macio, o do outro mais dourado, o do terceiro talvez cresça mais… Isso faz pensar que… cada um tem o seu "jeitinho" na hora de fazer a comida.

INTUIÇÃO E EQUILÍBRIO
A intuição está ligada à cozinha. É o tal **ingrediente secreto**! A marca pessoal do cozinheiro. Aquele sentimento de "acho que assim está bom" ou "vou colocar mais um pouquinho deste ou daquele ingrediente". E pronto! A receita ficou ainda mais gostosa.

Mas é bom lembrar que, às vezes, ao aumentar a quantidade de um ingrediente você pode desequilibrar o preparo, isto é, deixar a comida com gosto muito forte daquele ingrediente em que você exagerou. Principalmente se for o sal! Imprima a sua personalidade, mas vá com cuidado!

POR ONDE COMEÇAMOS?

HIGIENE
Higiene na cozinha é a lição número 1! **Lavar as mãos, prender os cabelos** e colocar uma **roupa confortável** (mangas semiarregaçadas para que não "caiam na comida") podem ser os primeiros passos. Usar **sapato fechado** pode parecer exagero, mas não é. Se algo cair nos seus pés, eles estarão protegidos.

Tão bom quanto provar o prato pronto é ir experimentando e explorando os ingredientes durante o preparo, mas lembre-se: a cada **lambida de dedo,** uma **lavada de mãos.** A colher que usamos para provar também tem que passar pela pia, água e detergente.

CONFORTO
O melhor é trabalhar numa **bancada** adequada ao tamanho de cada um. Para isso vale ganhar altura sentando-se num banco ou fazer ajustes para adaptar a cozinha à sua estatura.

Já vimos carrinho de bar virar bancada de criança, uma cadeira reta servir de apoio. O que mais? Olhe à sua volta e descubra o que pode ajudá-lo.

SEGURANÇA
Cozinha e cuidados caminham juntos. Adultos e crianças precisam estar alertas. Quem não conhece um adulto que já tenha cortado um dedo ou queimado o braço no fogo ou na água quente? E são adultos!

É bom pensar também que as atividades na cozinha devem estar de acordo com a coordenação motora de cada pessoa. **Fogão e forno normalmente quem pilota são os adultos.**

Cuidado também com os **utensílios cortantes,** escolha de preferência uma faca sem ponta.

QUAL É A IDADE CERTA?
É difícil definir a idade certa para se fazer uma atividade na cozinha. Afinal, as crianças têm níveis diferentes de maturidade e habilidade. Tirando atividades que mexem com fogo ou faca, que precisam da supervisão do adulto, **o melhor é descobrir o que cada um pode fazer.**

NOSSAS DICAS PRECIOSAS

LEIA A RECEITA E FAÇA SUAS COMPRAS COM ANTECEDÊNCIA
É sempre bom ler a receita antes para saber se você tem por perto todos os ingredientes. É complicado começar a preparar uma comida, descobrir no meio do processo que falta algum ingrediente e ter que ir correndo ao supermercado. (Pedir emprestado ao vizinho é uma ideia a ser considerada.) Portanto, o melhor é se organizar e fazer a sua lista de compras.

A HORA DE FAZER A COMIDA
Nessa fase, planejar é o melhor caminho. Se você leu a receita, vai saber se o preparo necessita ficar algum tempo na geladeira antes de ser servido ou quanto tempo pode demorar no forno. Se precisa ser servido assim que ficar pronto ou se dá para aquecer. Sempre há uma dica esperta!

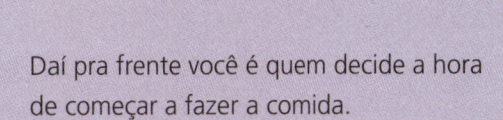

Daí pra frente você é quem decide a hora de começar a fazer a comida.

JUNTE OS UTENSÍLIOS E INGREDIENTES
Antes de começar a preparar uma receita, é bom colocar todos os ingredientes e utensílios que vai usar sobre a bancada. Assim, tudo anda mais rápido.

O PANINHO MÁGICO
Uma atitude sábia é ter um paninho úmido sempre por perto! Explicando... Ele ajuda você a limpar os dedos ou as mãos de vez em quando, os pingos que caem durante o preparo e serve de primeiro socorro se acontecer um pequeno desastre, como uma tigela entornar a massa toda na bancada (e um pouquinho em você).

UMA DÚVIDA CRUEL...

E SE A RECEITA NÃO SAIR COMO ESPERADO?

Não jogue tudo fora! É bom lembrar que, se algo der errado durante o preparo, sempre se pode tentar **salvar o alimento**, mudando a receita, usando sua imaginação. Em resumo, não se joga comida fora, tudo ou quase **tudo se aproveita**.

E mais um conselho: não desista, siga em frente e tente mais uma vez. Refazer o prato é também parte do aprendizado.

APROVEITE OS ALIMENTOS AO MÁXIMO

Se uma receita leva só gemas, procure outra receita que leve apenas claras ou as congele pra usar depois.

Os talos e folhas das verduras podem virar uma boa sopa ou, quem sabe, uma deliciosa farofa.

Você pode também usar cascas de alimentos para fazer um chá ou utilizá-las na própria receita. Só para lembrar, essa é afinal de contas uma postura bem alinhada com o nosso tempo, em que devemos **evitar desperdícios** hoje para que não nos falte no futuro.

TODA COZINHA TEM...

Cozinha grande, cozinha pequena, que dá para o quintal, que fica junto da sala... Em cada casa é de um jeito! Em geral, do jeito de quem cozinha ali e que vai preenchendo os espaços com panelas, tigelas, medidores e outros objetos, tornando aquele lugar um canto aconchegante e gostoso.

E o que recheia a cozinha? Funciona da mesma forma. Os ingredientes que estão dentro dos armários, nas fruteiras, na geladeira ou espalhados pelas prateleiras também são normalmente do gosto de quem manda no pedaço.

NOSSOS UTENSÍLIOS
Vamos dar uma relação de **utensílios básicos** para preparar as receitas deste livro, mas, na verdade, você deve usar o que tiver em casa.

Lembre sempre que na hora de utilizar facas, liquidificador, fogão e forno, um adulto por perto é o "utensílio" mais importante. Agora vem o resto…

FACA SEM PONTA
PANINHO ÚMIDO
TÁBUA DE CORTE
LIQUIDIFICADOR
BATEDEIRA
ASSADEIRA
FÔRMA PARA PUDIM
FÔRMA REFRATÁRIA
JOGO DE COLHERES PARA MEDIR INGREDIENTES
JOGO DE XÍCARAS PARA MEDIR INGREDIENTES
ROLO DE MASSA
FRIGIDEIRA ANTIADERENTE
TESOURA
ESPÁTULA
RALADOR
PENEIRA
ESCORREDOR DE MASSA
AMASSADOR DE BATATA
ABRIDOR DE LATA
RALADOR
CORTADOR DE PIZZA

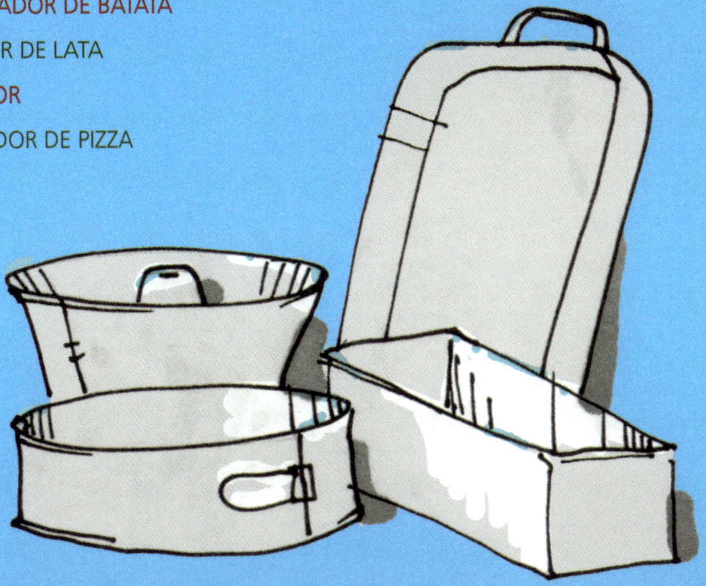

VAMOS PRA COZINHA? 27

VAMOS PRA COZINHA?

28

ELES ESTÃO NA NOSSA MESA, MAS DE ONDE VIERAM?

Os legumes, verduras, frutas, ervas, carnes, peixes, enfim, os ingredientes que aparecem em nossas receitas podem ser encontrados em feiras e supermercados, mas é bom lembrar que não nasceram ali. Eles vieram de algum sítio, chácara ou fazenda espalhados pelo Brasil afora (e às vezes pelo mundo).

Na horta e no pomar, as sementes ou mudas são plantadas e regadas até desabrocharem. Então os legumes e frutas são colhidos e só depois chegam à nossa mesa!

O pasto alimenta a vaca, que nos lembra leite! Desse leite, fazemos manteiga, queijo, creme de leite, iogurte…

Levando nosso pensamento até um quintal de terra, podemos imaginar as galinhas ciscando e, por perto, guardados em algum lugar, seus ovos, que viram omelete, recheio de sanduíche…

Um rio à vista? Lá vivem os peixes de água doce. Sua carne tem gosto um pouquinho mais forte que os peixes encontrados no mar, de sabor mais suave.

E quem vive na cidade? Pode até ter uma pequena horta plantada no quintal ou em vasos, mas compra a maior parte desses produtos nos mercados sem qualquer dificuldade. O importante mesmo é saber de onde vem o que estamos comendo, concorda?

Propomos aqui um exercício gostoso: olhe para a sua mesa e imagine de onde vem cada ingrediente. Quer tentar?

É IMPORTANTE SABER COMO…

Quando se trata de ler e compreender uma receita, sempre aparecem algumas **palavras** ou procedimentos **difíceis de entender**. Para não ficarmos explicando a toda a hora, preferimos reunir tudo aqui. Você pode ler todos de uma vez para aprender logo ou pode consultar quando estiver fazendo a receita e aparecer a **indicação** para ler este capítulo.

LAVAR E HIGIENIZAR OS ALIMENTOS

Uma pequena explicação

As folhas cruas, as frutas, os legumes e tudo o que vem da terra podem chegar à nossa cozinha com poeira, terra e pequenos insetos que podemos ver ou com bactérias e micróbios que não conseguimos enxergar. Para garantir que não iremos ingerir nada que possa nos fazer mal, devemos sempre **lavar e higienizar** os alimentos que vamos comer crus.

Como fazer?

• Com as **folhas**: separe e jogue fora as partes estragadas. Lave sob um fio de água corrente fria para tirar a terra. **Olhe bem cada folha,** pois, se houver qualquer inseto ou lagarta, eles não sairão sozinhos da verdura.

• Com as **frutas e legumes**: lave bem, passando os dedos por toda a superfície para que a sujeira se solte. No caso de batatas ou cenouras que serão usadas com casca, o ideal é lavar com uma escovinha, para retirar bem a terra.

• Encha uma vasilha com água e coloque nela gotas de um produto para higienizar alimentos na quantidade indicada na embalagem.

• Mergulhe o alimento nessa água e deixe ali pelo tempo recomendado. Este produto elimina bactérias e qualquer organismo vivo que esteja grudado ao alimento.

• Retire o alimento da água e seque com um pano de prato limpo ou deixe escorrendo para que seque sozinho. Para secar as folhas, você também pode usar uma centrífuga de plástico.

BANHO-MARIA

Como fazer?

Coloque uma panela com água sob o preparo que vai ao fogo ou ao forno, dependendo da receita.

Quando usar?

Usamos quando o preparo pede uma **temperatura mais baixa,** por exemplo, quando temos que derreter chocolate ou assar um pudim. Se o chocolate for direto ao fogo numa panela, cozinha ao invés de derreter. E o pudim direto no forno fica ressecado ao invés de úmido.

COZINHAR OVOS

Como fazer?

- Coloque água fria numa panela.

- Deposite com cuidado os ovos, um a um, para que não trinquem.

- Leve ao fogo e quando a água começar a ferver, abaixe a chama e **conte 11 minutos**.

- Retire a panela do fogo e leve para a pia. Jogue bastante água fria na panela e deixe descansar até que os ovos esfriem.

- Para tirar o ovo da casca, bata-o levemente contra uma superfície dura até que a casca se quebre. Retire a casca com as mãos.

QUEBRAR OVOS

Como fazer?

- Use pelo menos duas tigelinhas: uma para o ovo da vez, e outra para acumular os ovos já abertos. Já pensou se você abre um ovo em cima da massa do bolo e ele está estragado?

- Bata levemente o ovo contra uma superfície dura para trincar a casca. Não faça com muita força para não estourar, tá?

- Vá afastando com a ponta dos polegares as duas partes do ovo num movimento para fora – não force para dentro, **senão o ovo explode**.

SEPARAR A CLARA DA GEMA

Como fazer?

- Primeiro pegue duas tigelinhas.

- Após trincar a casca e iniciar o movimento para abrir, posicione o ovo no sentido vertical sobre uma das tigelinhas e conclua a separação das metades da casca.

- Nesse momento, não faça nada, a clara começará a escorrer para dentro da tigelinha (vai sujar os dedos, mas não se incomode).

- Relaxe os ombros e se preocupe apenas em **"encestar"** a gema na outra casca (essa é a **"técnica do basquete"**).

- Faça esse movimento umas duas ou três vezes (passando a gema de uma casca para a outra) até que toda a clara esteja na tigelinha e a gema dentro da metade da casca.

- Despeje agora a gema em outra tigelinha, e pronto. A clara se separou da gema.

UNTAR FÔRMAS E ASSADEIRAS

Uma pequena explicação
Esse procedimento é importante para que o preparo **desgrude facilmente** da fôrma em que foi assado.

Como fazer?
Pegue **um pouquinho** de manteiga, azeite ou óleo, dependendo do que a receita pedir. Geralmente, usamos de 1/2 a 1 colher de sopa de uma dessas gorduras, de acordo com o tamanho da fôrma. Com as mãos ou com um papel absorvente ou pincel, passe a manteiga por toda a superfície interna da fôrma. É importante que não fique nem um pedacinho sem manteiga, por outro lado, não há necessidade de excessos.

MANTEIGA EM TEMPERATURA AMBIENTE

O que significa?
Como o nome já diz, essa é a manteiga que ficou algum tempo fora da geladeira para amolecer. O tempo que devemos deixá-la fora depende da quantidade de manteiga que vamos usar na receita e da temperatura do dia, mas normalmente em **20 a 30 minutos** você obterá uma boa textura: a manteiga estará com uma consistência mais pastosa, portanto, fácil de misturar. **Resumindo**: é a consistência ideal para passar manteiga no pão.

MEDIDAS

Como usar?
Para medir xícaras, utilizamos medidores padrão (que facilitam a vida na hora de cozinhar) onde **1 xícara equivale a 240 ml.** Para medir colheres de sopa e chá, utilizamos jogos de colheres para medir ingredientes.

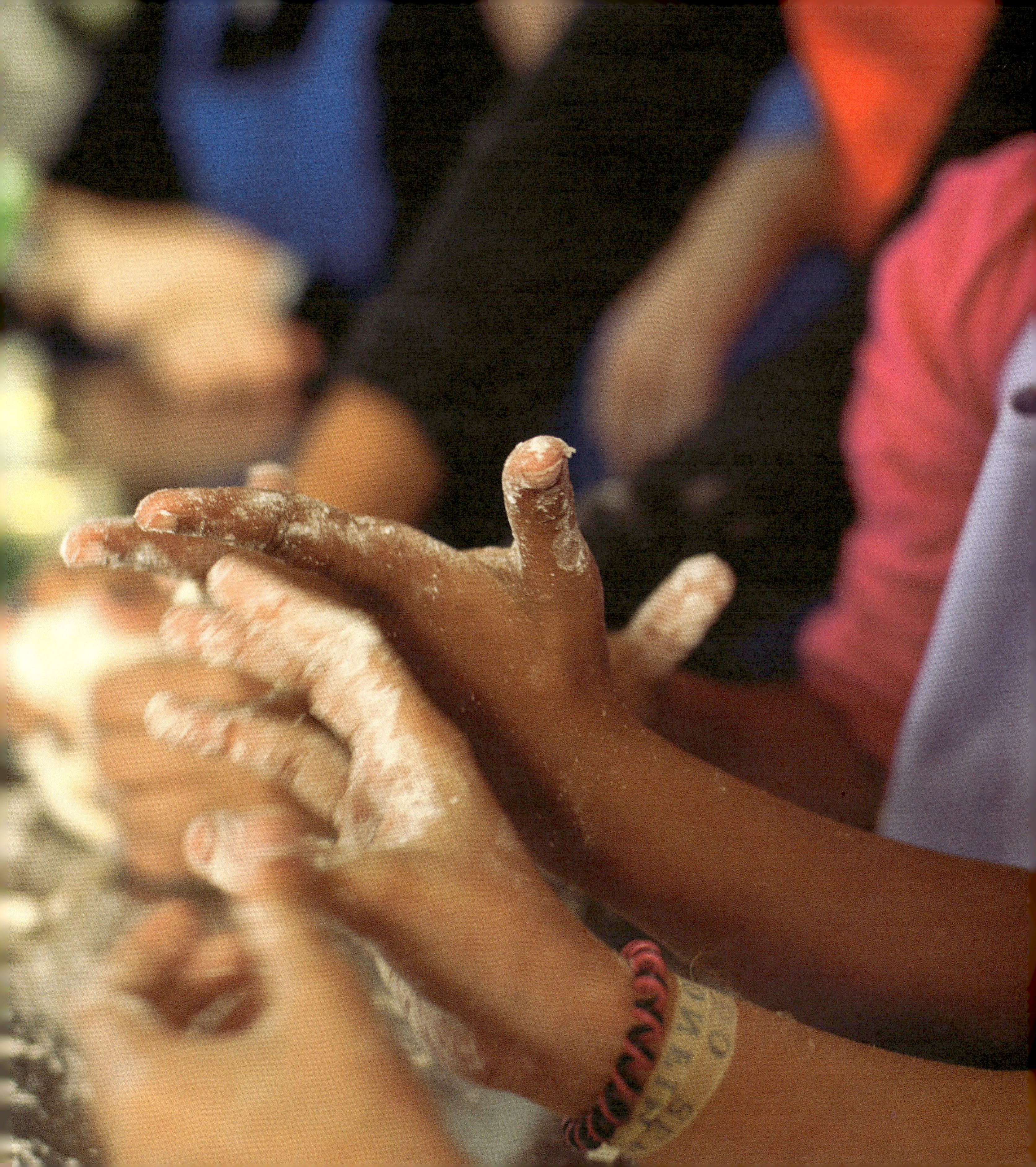

SAL

Uma pequena explicação

O sal é um realçador de sabor. Se utilizado na quantidade certa, ele deixa as receitas mais saborosas. Mas lembre-se de que sal demais não faz bem a saúde de ninguém!

Quando e como usar?

Usamos sal em receitas tanto salgadas quanto doces. Nas **comidas salgadas**, a quantidade vai depender um pouco do gosto de cada um. Nas receitas deste livro, colocamos uma medida indicativa, apenas para você ter uma ideia da quantidade. Mas o ideal é que se acrescente o sal aos poucos, provando, até chegar ao ponto ideal.

Já nos **pratos doces**, usamos o sal não para que eles fiquem salgados, mas apenas para que fiquem mais saborosos. Então, costumamos colocar a tal pitada de sal.

O QUE É UMA PITADA?

Uma pitada é a quantidade que você consegue **pegar entre dois dedos**, mais precisamente entre o polegar e o indicador.

PIMENTA-DO-REINO

Uma pequena explicação

A pimenta-do-reino é muito usada por quem cozinha, pois deixa os alimentos muito saborosos e combina com quase tudo.

Temos dois tipos de pimenta-do-reino: a **preta** (com casca) e a **branca** (sem casca). Apesar de ser a mesma pimenta, as diferenças de cheiro e de sabor são bem marcantes. Cheire e experimente as duas para escolher a sua. O ideal é que ela seja moída na hora, porque assim dará ao preparo mais sabor e aroma.

Quando e como usar?

Aqui neste livro o uso da pimenta-do-reino é sempre **opcional**, ou seja, você coloca se quiser. Há pessoas que não gostam do sabor, e outras que, devido a algum problema de saúde, não podem comer alimentos com pimenta. Então, a opção é sempre sua: você escolhe em que e quanto colocar.

EMULSIONAR

O que significa?
Significa bater muito bem! Pode ser feito com um **garfo ou batedor de arame**. Explicando melhor: muitas vezes, encontramos na cozinha dois ingredientes líquidos que não se misturam, como óleo e água, por exemplo. Ao batê-los, quebramos suas partículas em porções tão pequenas que parecem estar misturadas. Um bom exemplo disso é um molho de salada: azeite e vinagre não se misturam, mas se a gente bater bem, eles parecerão misturados e ficarão muito melhor para temperar a salada. Mas lembre-se sempre de que devemos emulsionar novamente o molho no momento em que formos usá-lo, porque, passados alguns minutos, as partículas voltarão a seu estado original.

CREME DE LEITE

Quando usar?
No mercado, encontramos três tipos de creme de leite: de lata, de caixinha longa vida e fresco. O fresco pode ser usado em todas as receitas, porque aguenta fervura e, quando batido, fica em ponto de chantili (bem aerado e firme). Já o de caixinha e o de lata não podem ser fervidos, por isso não funcionam para algumas receitas.

PREAQUECER O FORNO

Sempre que fazemos receitas que vão ao forno, orientamos que ele seja preaquecido antes de se iniciar o preparo.

Como fazer?
Isso significa que você deve **acender** o **forno** na temperatura indicada cerca de **20 minutos antes** de colocar a receita para assar, pois assim ele já estará na temperatura adequada quando isso acontecer.

E por que é tão importante?
Bom, isso depende um pouco da receita…

Num bolo funciona assim
O bolo cresce porque o calor do forno expande o ar contido em ingredientes como a clara em neve ou o ar liberado pelo fermento, por exemplo. Então, colocar um **bolo** no forno frio não é um bom negócio, concorda? Já em **forno quente** – é só observar –, depois de alguns minutos ele começa a **crescer**.

Numa carne funciona assim
Situação diferente acontece quando estamos fazendo uma carne. Precisamos do forno preaquecido para que os sucos da carne se mantenham dentro dela. Os sucos fogem do calor, por isso num forno quente eles vão se concentrar no centro da carne e quando desligarmos o forno, voltarão a se distribuir pela peça toda, conferindo maciez e suculência ao preparo.

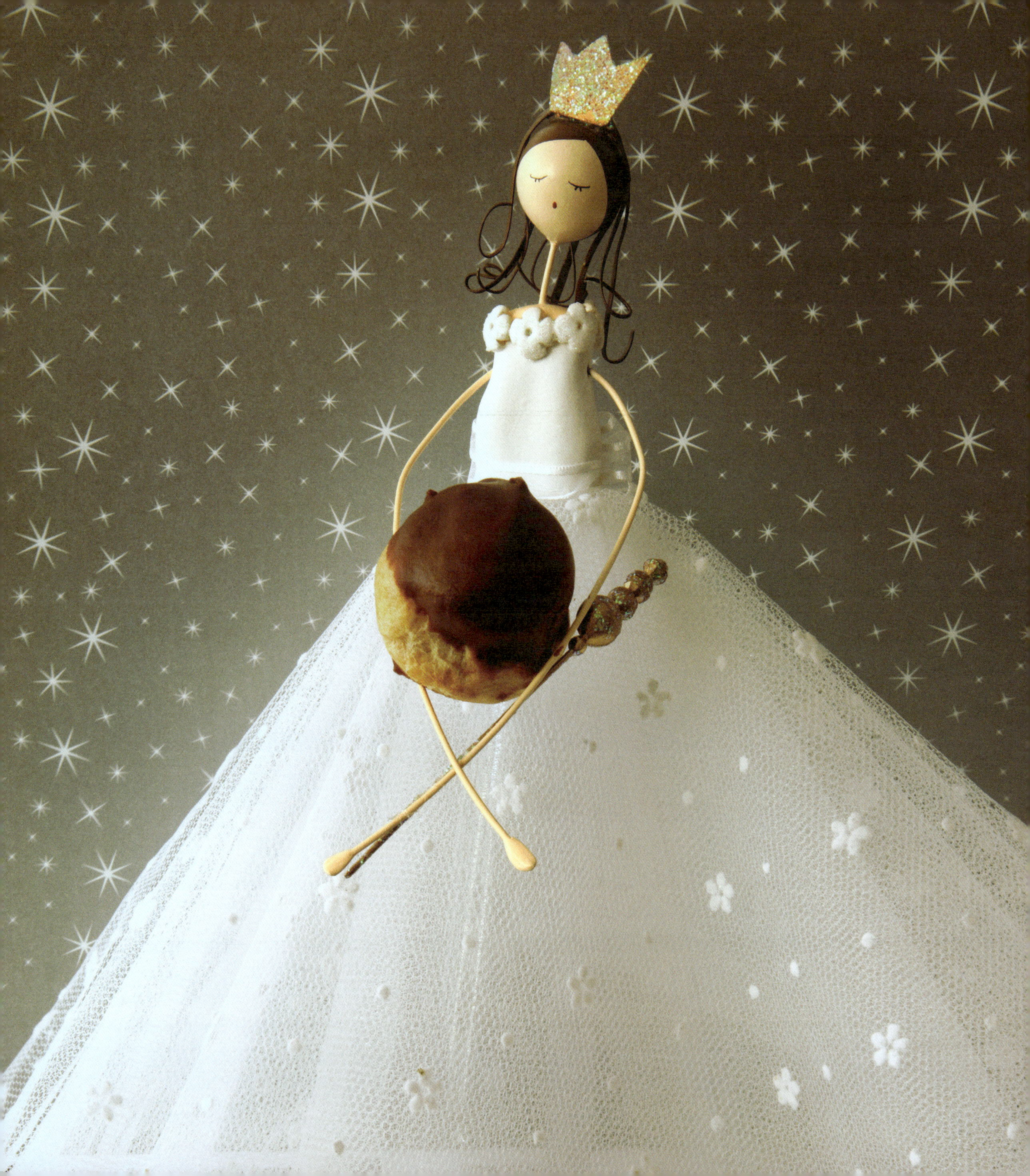

NÃO DEIXE DE LER

Nossas receitas não são complicadas. Elas foram pensadas e elaboradas a partir da experiência prática: **o que funciona fazer na cozinha com uma criança.**

Como já falamos, não há idade certa para executar qualquer procedimento numa receita, mas alguns cuidados são necessários. Então, nossa proposta é avaliar os limites de cada um.

A grosso modo, **crianças pequenas** misturam, amassam e, às vezes, rasgam folhas ou fatias de queijo muito bem. **Um pouco maiores**, elas podem manipular com desenvoltura ingredientes, facas sem ponta, liquidificadores e batedeiras.

Já as tarefas de acender o forno e mexer panelas sobre o fogão ficam para as **crianças graúdas.** Em qualquer dessas situações, um adulto deve estar por perto.

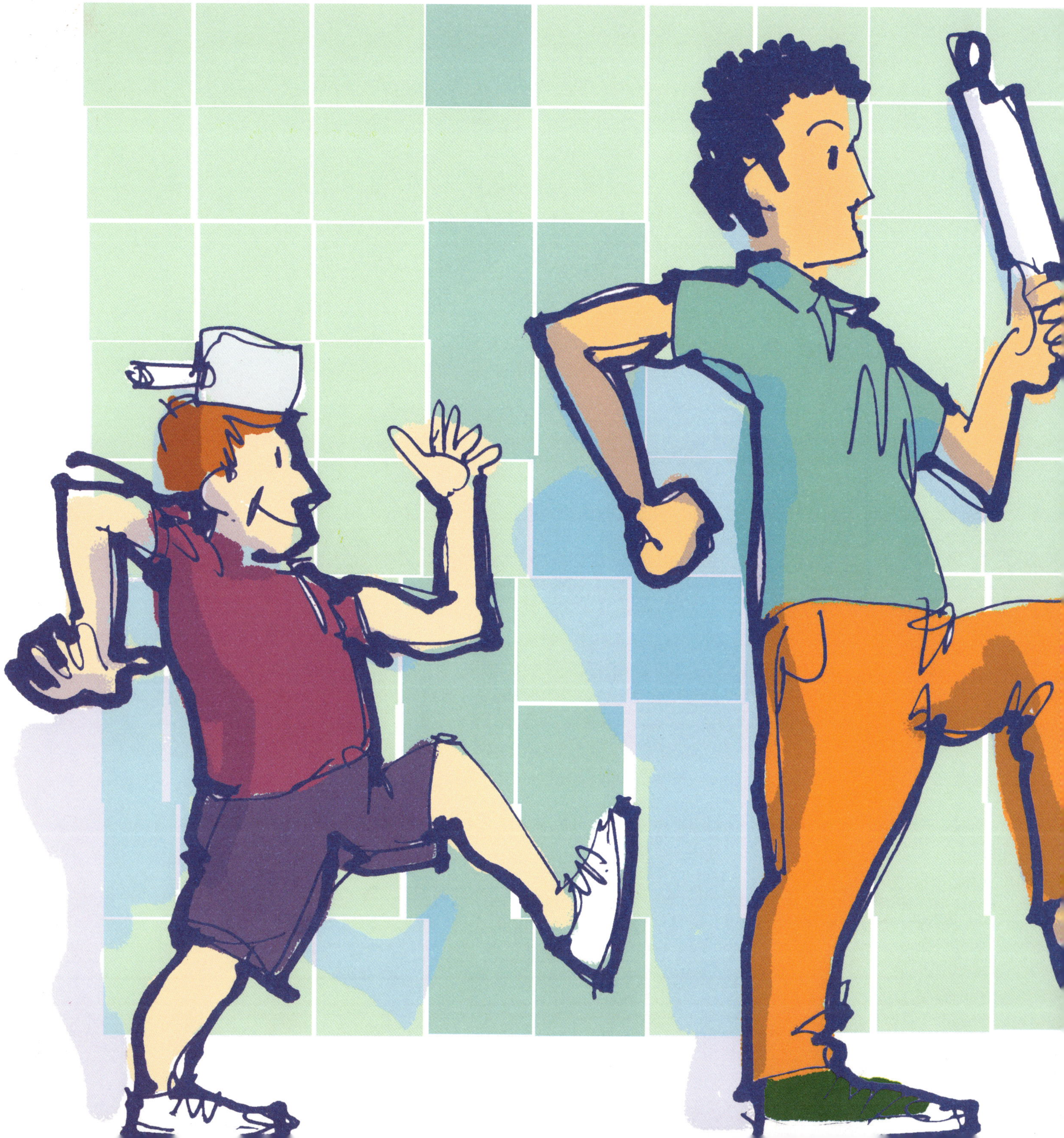

CHEGA DE TANTO PAPO.

VAMOS COMEÇAR A COZINHAR?

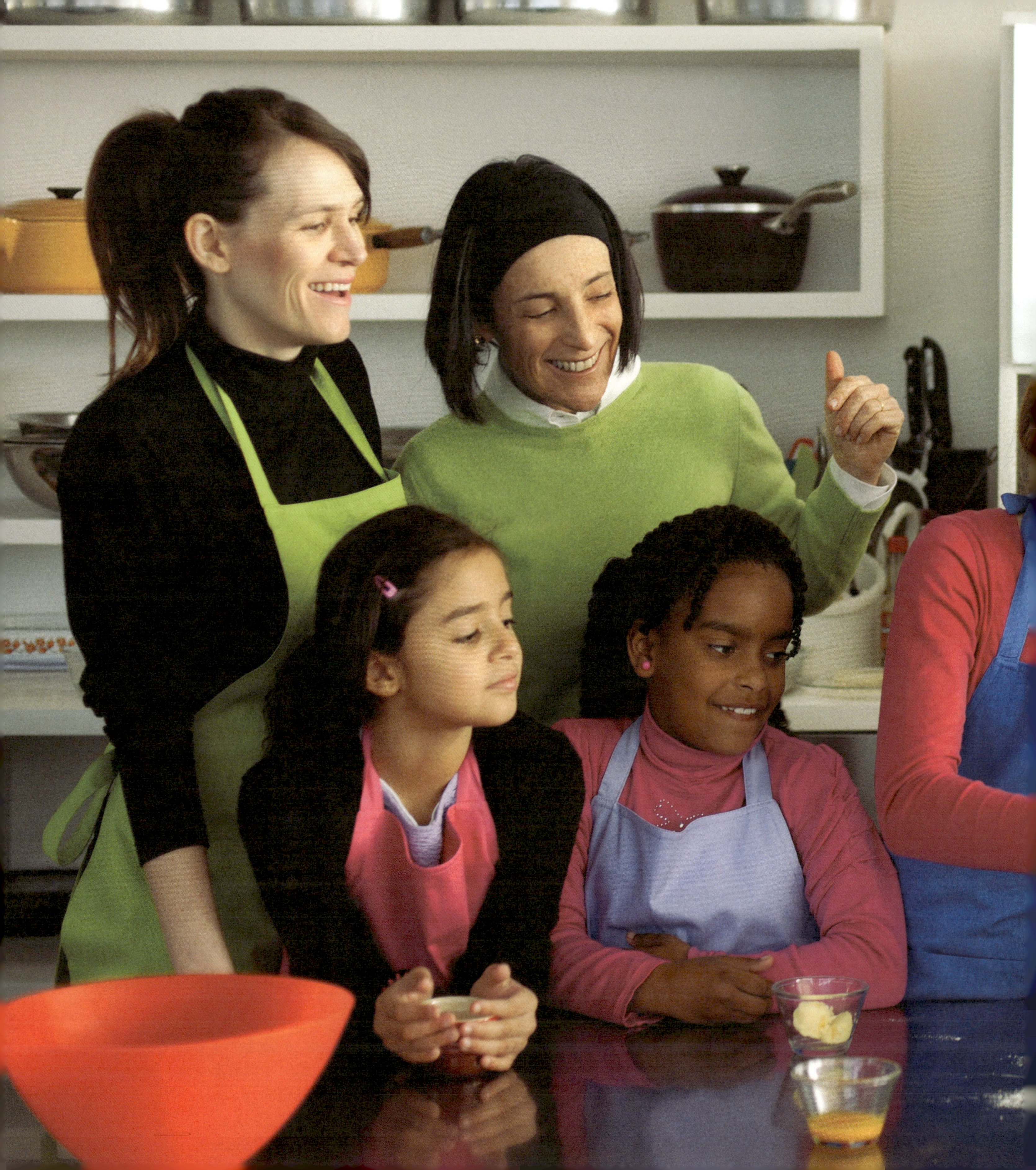

COZINHEIROS EM AÇÃO

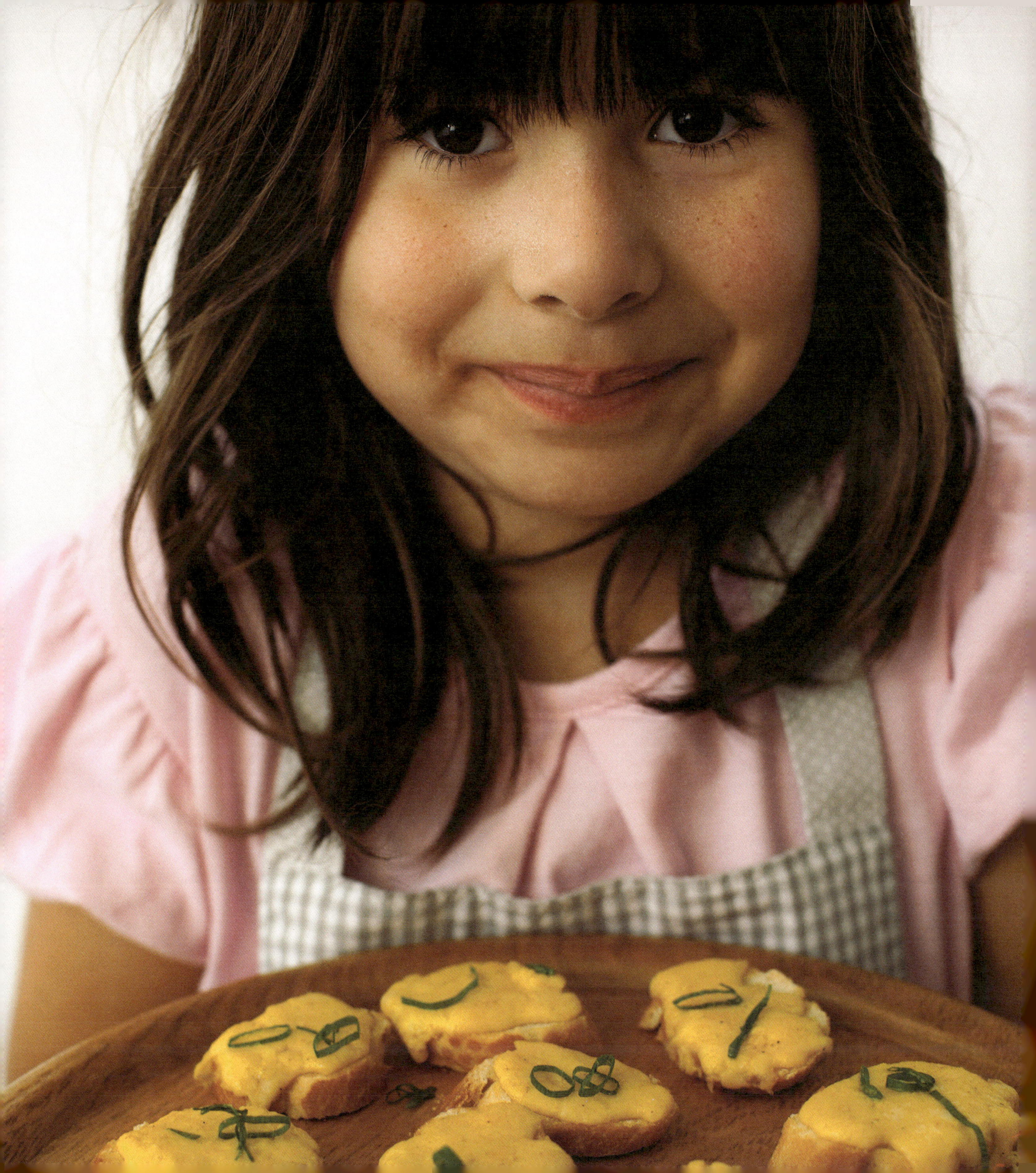

começo

TORRADINHAS COM CREME DE QUEIJO

Esta deliciosa mistura de queijo derretido é inspirada numa receita conhecida como Welsh rabbit (coelho galês) e é muito apreciada no Reino Unido.

INGREDIENTES

- 1 1/2 xícara de queijo prato ralado medido sem apertar (se preferir, use mussarela)
- 1 1/2 colher (sopa) de mostarda
- 2 colheres (sopa) de leite
- 1 pitada de sal (se precisar)
- 1 pitada de pimenta-do-reino (se quiser)
- 20 fatias de baguete fina cortadas com 1 dedo de espessura e assadas em ponto de torrada (ou use torradas compradas prontas)
- cebolinha-verde lavada e cortada em rodelinhas (com tesoura) para decorar

rendimento: 4 a 6 porções

MÃOS À OBRA

COMECE PELO FORNO
Ligue e preaqueça o forno em temperatura alta (220°C).

DEPOIS, FAÇA O RECHEIO
Misture numa tigela o queijo, a mostarda e o leite. Tempere com um pouquinho de sal e, se quiser, com pimenta-do-reino.

AGORA, JUNTE O PÃO E O RECHEIO
Distribua as torradinhas numa assadeira. Coloque aproximadamente 1 colher de chá do recheio sobre cada uma delas. Leve ao forno e asse até que o queijo derreta bem e fique dourado.

O TOQUE FINAL
Retire do forno, salpique a cebolinha por cima das torradas e sirva enquanto ainda estiverem quentinhas.

VAMOS PRA COZINHA?
45

i

SE VOCÊ QUISER SABER O QUE É UMA PITADA OU COMO LAVAR OS ALIMENTOS, AS INFORMAÇÕES ESTÃO NO CAPÍTULO *É IMPORTANTE SABER COMO...* NA PÁGINA 31.

SALADA DE VERDES, CENOURA E GRANOLA SALGADA

Nosso truque para uma salada gostosa: usar folhas bem secas para a salada ficar crocante e com texturas variadas; bater bem o molho; e, finalmente, misturar muito bem, para que o molho chegue a cada folhinha! E pra quem só conhece granola doce, é uma boa ocasião para experimentar essa novidade.

VAMOS PRA COZINHA?
46

INGREDIENTES

GRANOLA SALGADA

- **1** xícara de flocos de milho sem açúcar
- **2** colheres (sopa) de semente de linhaça
- **1/2** colher (chá) de sal (ou a gosto)
- **1** colher (chá) de azeite de oliva

SALADA

- **2** cenouras lavadas
- **1** pé de alface-americana lavado
- **1** pé de alface-crespa lavado (ou qualquer outra folha como rúcula, agrião, alface-romana…)

MOLHO BÁSICO

- **1/2** colher (chá) de sal
- **1** pitada de pimenta-do-reino (se quiser)
- **1** colher (sopa) de vinagre de vinho branco (ou suco de limão)
- **3** colheres (sopa) de azeite de oliva

rendimento: 6 porções

MÃOS À OBRA

PRIMEIRO, FAÇA A GRANOLA SALGADA

Coloque numa assadeira os flocos de milho e a linhaça, salpique o sal com a ponta dos dedos e regue com o azeite. Misture delicadamente. Leve ao forno médio (200°C) por 10 minutos ou até que fique crocante. Na metade desse tempo, dê uma mexida com uma espátula para que a granola asse por igual. Retire do forno e deixe esfriar.

DEPOIS, PREPARE A SALADA

Pegue as cenouras e, com uma faca sem ponta, raspe a "pele" ou use um descascador de legumes. Rale em ralo grosso, mantendo os dedos bem longe do ralador para não machucá-los. Reserve. Rasgue as folhas em pedaços com as mãos, para que fiquem num tamanho fácil de comer sem precisar cortá-las. Coloque as folhas numa saladeira, espalhe a cenoura ralada por cima e cubra com a granola salgada ou monte como quiser.

FALTA AINDA FAZER O MOLHO

Coloque o sal e, se quiser, a pimenta numa tigelinha. Junte o vinagre e mexa bem com uma colher até dissolver o sal completamente. É importante fazer isso antes de colocar o azeite, pois o sal não se dissolve em contato com ele. Junte, então, o azeite aos poucos, batendo sempre com um garfo ou com um batedor de arame pequeno para emulsionar.

PARA TERMINAR...

Na hora de servir, bata o molho novamente até que fique cremoso. Regue toda a salada, misturando muito bem com duas colheres. É importante fazer isso apenas na hora de servir, pois as folhas murcham rapidamente em contato com o molho.

---

i

SE VOCÊ QUISER SABER O QUE É UMA PITADA E EMULSIONAR OU COMO LAVAR OS ALIMENTOS, AS INFORMAÇÕES ESTÃO NO CAPÍTULO *É IMPORTANTE SABER COMO…* NA PÁGINA 31.

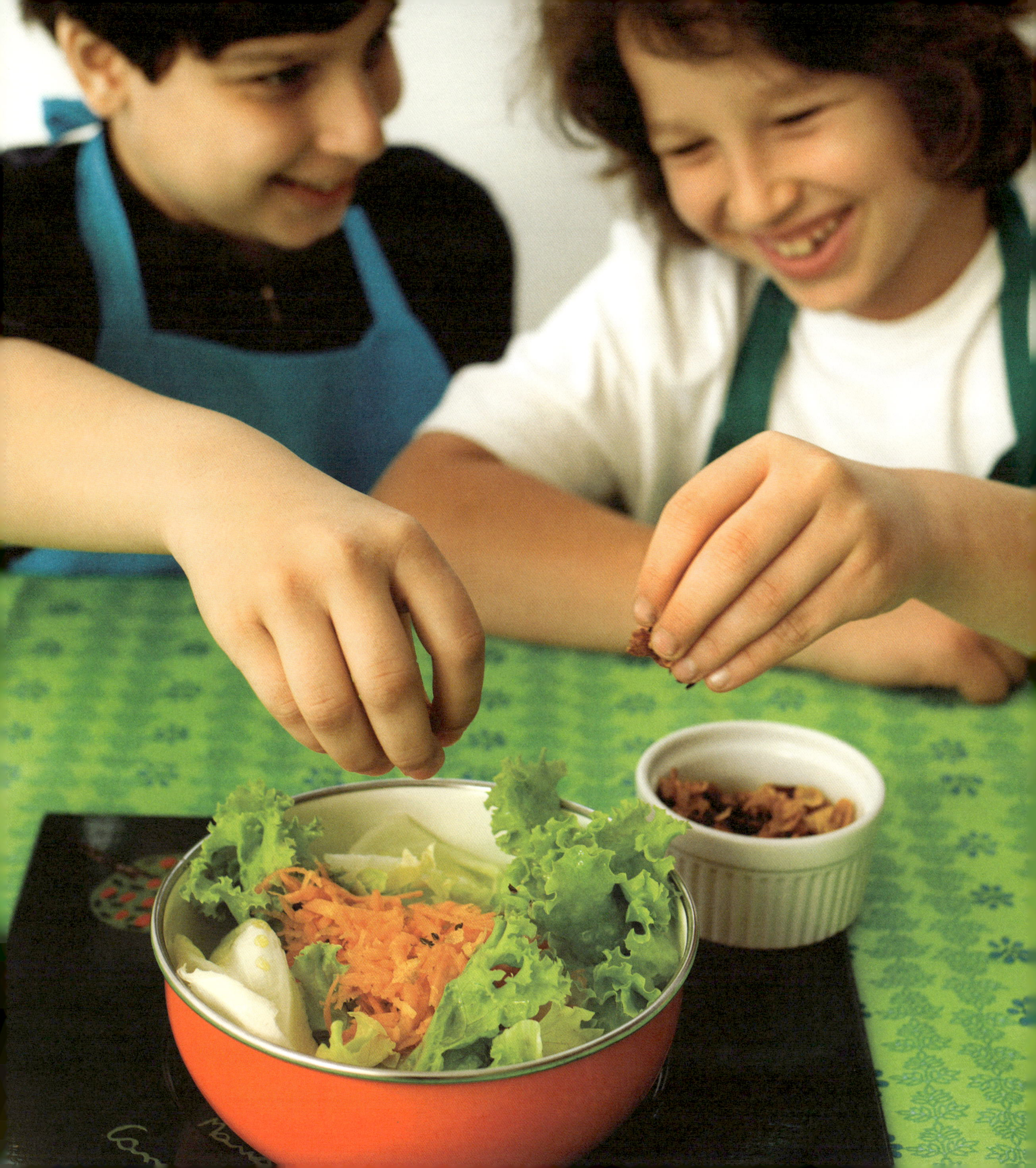

SALADA DE BATATA COM MOLHO DE IOGURTE E MOSTARDA

Batata pode virar salada? Pode sim! Ela pode acompanhar uma carne ou ser servida sozinha.

INGREDIENTES

SALADA

- **900 g** de batata bolinha lavada
- **1** colher (sopa) de sal
- **2** colheres (sopa) de vinagre de vinho branco
- **2** colheres (sopa) de azeite de oliva

MOLHO

- **1** pote **(170 g)** de iogurte natural cremoso
- **2 a 3** colheres (sopa) de mostarda
- **1/2** colher (chá) de açúcar (Sabe para quê? Para diminuir a acidez.)
- **4** colheres (chá) de creme de leite (ou leite)
- **1/2** colher (chá) de sal (ou a gosto)
- **1** pitada de pimenta-do-reino (se quiser)
- **1/2** colher (sopa) de azeite de oliva
- **1/2** xícara de cebolinha-verde lavada e picada (com tesoura)

rendimento: 6 porções

MÃOS À OBRA

COMECE PELA BATATA

Cozinhe numa panela as batatas em água com sal. Para saber se estão cozidas, espete um garfo em uma delas. Ela deve estar macia, mas sem desmanchar. Retire do fogo. Coloque um escorredor na pia e escorra a água do cozimento. Corte as batatas ao meio e coloque numa tigela. Acrescente o vinagre e o azeite, misture e deixe esfriar.

DEPOIS FAÇA O MOLHO

Misture numa tigela grande o iogurte, a mostarda, o açúcar, o creme de leite, o sal e, se quiser, a pimenta. Acrescente o azeite e misture, batendo bem com um garfo ou um batedor de arame pequeno.

PARA TERMINAR...

Junte a cebolinha ao molho, depois adicione as batatas e misture até o molho envolver todas elas. Leve à geladeira e sirva quando estiver fria.

VAMOS PRA COZINHA? **48**

ⓘ SE VOCÊ QUISER SABER MAIS SOBRE O USO DO CREME DE LEITE, O QUE É UMA PITADA OU COMO LAVAR OS ALIMENTOS, AS INFORMAÇÕES ESTÃO NO CAPÍTULO É *IMPORTANTE SABER COMO...* NA PÁGINA 31.

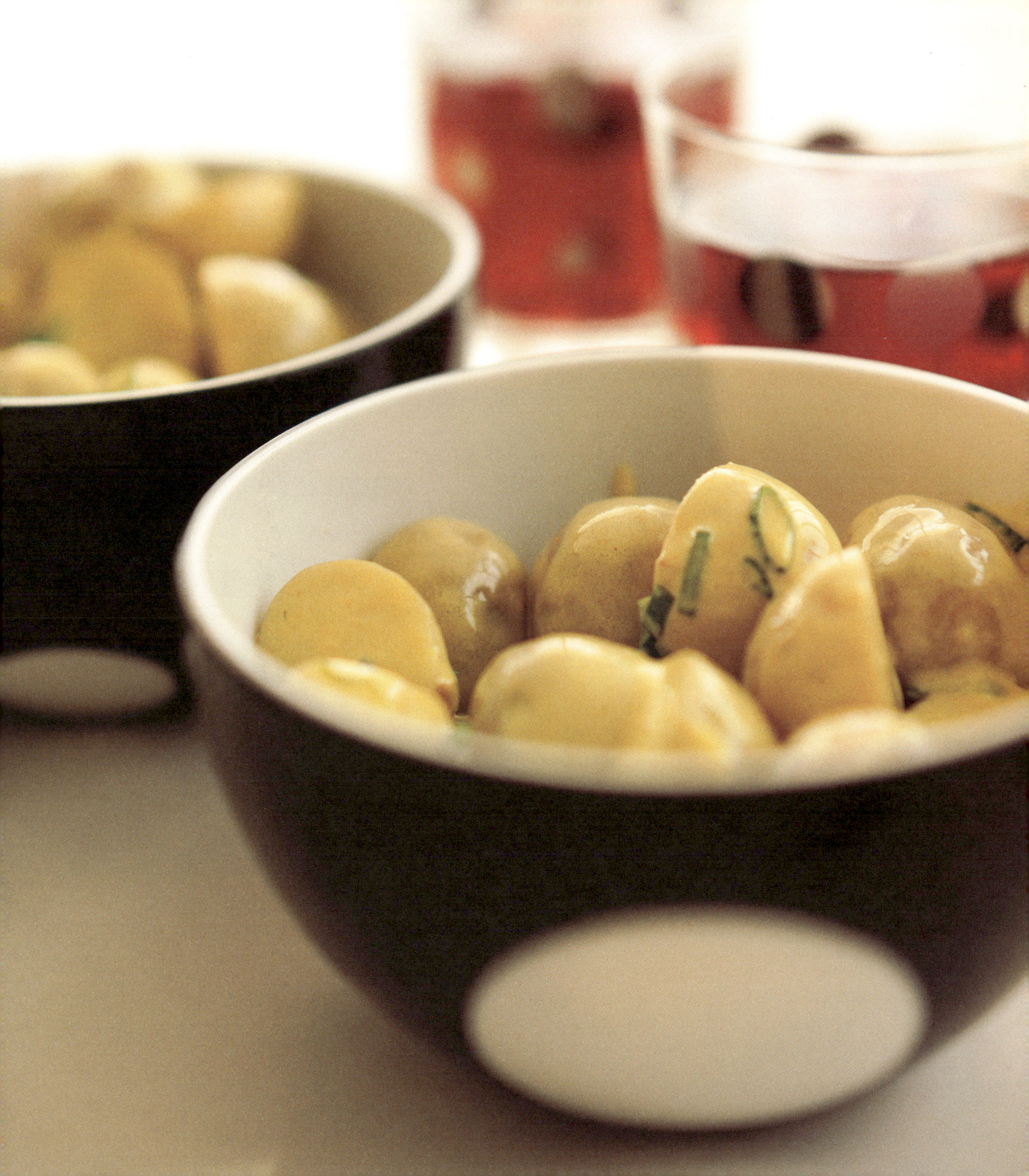

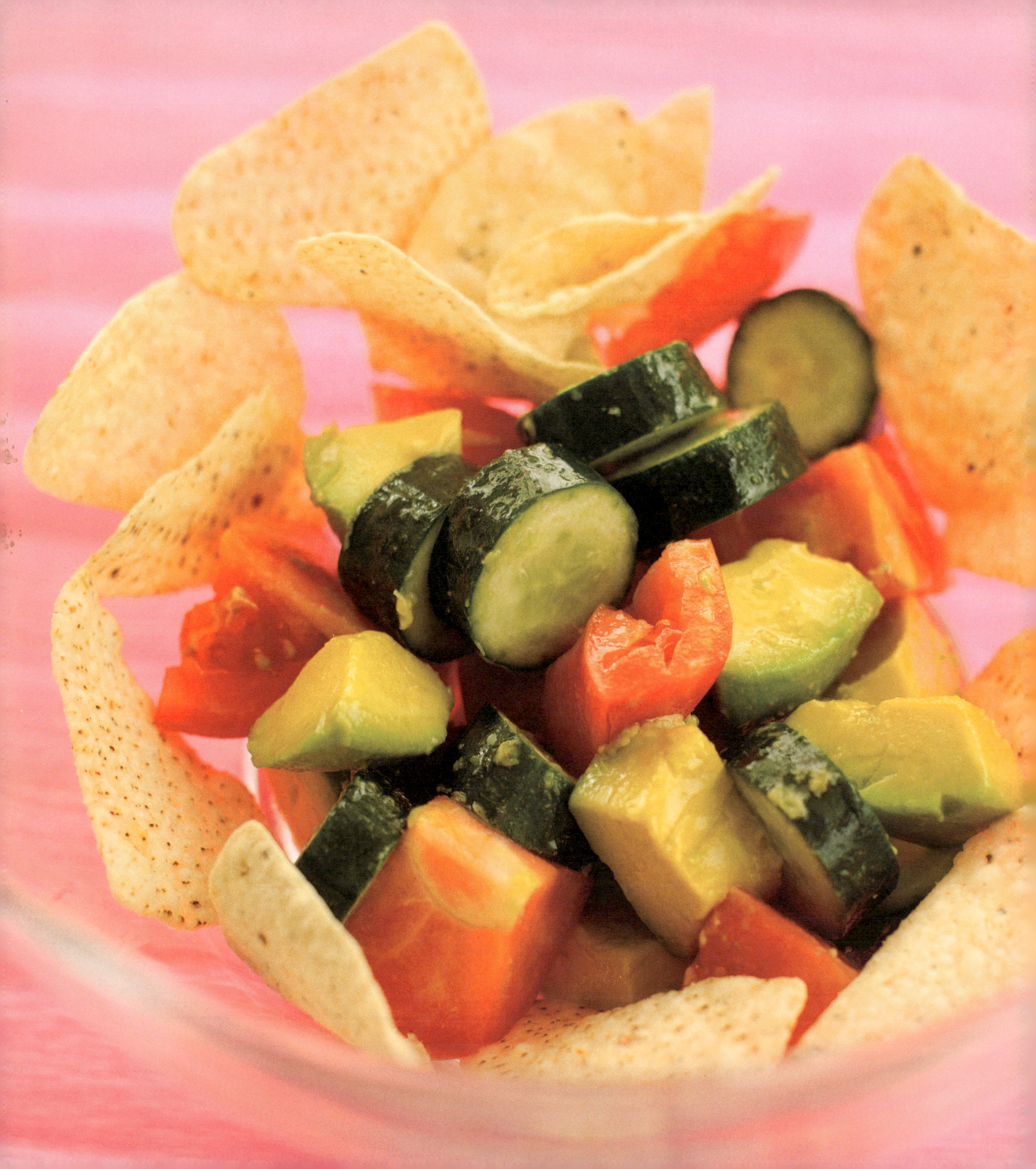

SALADA MEXICANA

Já comeu abacate salgado? Abacate e tortillas transformam esta salada numa especialidade mexicana!

INGREDIENTES

- **3** tomates lavados
- **1/2** abacate maduro, mas ainda firme, lavado (pode também ser **1** abacate tipo avocado maduro)
- **1** colher (sopa) de suco de limão para regar o abacate
- **1** pepino japonês lavado
- **1** receita de molho básico (ver receita na página 46)
- **1** pacote de salgadinho de milho (tipo tortilla mexicana)

rendimento: 4 a 6 porções

MÃOS À OBRA

CUIDE DO TOMATE
Corte a tampinha dos tomates e jogue fora. Corte cada tomate ao meio e cada metade ao meio de novo. Você ficará com 4 gomos. Corte cada gomo em 3 partes.

DEPOIS, CORTE O ABACATE
Corte o abacate ao meio e separe cuidadosamente as metades, retirando o caroço. Corte cada pedaço ao meio e, com as mãos, separe a casca da polpa. Corte a polpa em cubos grandes, do mesmo tamanho dos pedaços de tomate. Regue com o suco de limão para que o abacate não escureça.

AGORA É A VEZ DO PEPINO
Corte as pontinhas do pepino e jogue fora. Corte o pepino em rodelas grossas.

MISTURE OS INGREDIENTES
Junte numa tigela grande o tomate, o abacate e o pepino. Acrescente o molho básico e misture delicadamente.

SIRVA COM A TORTILLA
Passe a salada para uma saladeira bem bonita ou para tigelinhas individuais. Espalhe as tortillas em volta.

SE VOCÊ QUISER SABER COMO LAVAR OS ALIMENTOS, A INFORMAÇÃO ESTÁ NO CAPÍTULO *É IMPORTANTE SABER COMO...* NA PÁGINA 31.

SOPA DE TOMATE COM QUEIJO DERRETIDO

O legal deste preparo é que o calor da sopa derrete o queijo. Se alguém na casa estiver de dieta, troque o creme de leite por leite – não fica tão cremoso, mas fica gostoso do mesmo jeito.

INGREDIENTES

- 1/2 xícara de mussarela de búfala cortada em cubinhos ou fatias (se preferir, use mussarela comum ou outro queijo)
- 1 colher (sopa) de manteiga sem sal
- 1 colher (sopa) de cebola ralada
- 1 vidro **(500 ml)** de suco de tomate não temperado
- 1 pitada de sal
- 1 pitada de pimenta-do-reino (se quiser)
- 1 xícara de creme de leite fresco (ou de caixinha)
- • folhas de manjericão lavadas para enfeitar

rendimento: 4 a 6 porções

MÃOS À OBRA

CUIDE DO QUEIJO
Distribua o queijo em tigelas ou pratos fundos.

PREPARE A SOPA
Derreta numa panela a manteiga e junte a cebola, mexendo até dourar. Coloque o suco de tomate, o sal e, se quiser, a pimenta e deixe ferver. Abaixe o fogo, acrescente o creme de leite e misture. Aqueça bem, mas sem deixar ferver para não talhar.

SIRVA A SOPA BEM QUENTINHA
Retire a sopa do fogo e despeje nas tigelas. O queijo começará a derreter com o calor da sopa. Enfeite com as folhas de manjericão. Sirva imediatamente.

SE VOCÊ QUISER SABER MAIS SOBRE O USO DO CREME DE LEITE, O QUE É UMA PITADA OU COMO LAVAR OS ALIMENTOS, AS INFORMAÇÕES ESTÃO NO CAPÍTULO *É IMPORTANTE SABER COMO...* NA PÁGINA 31.

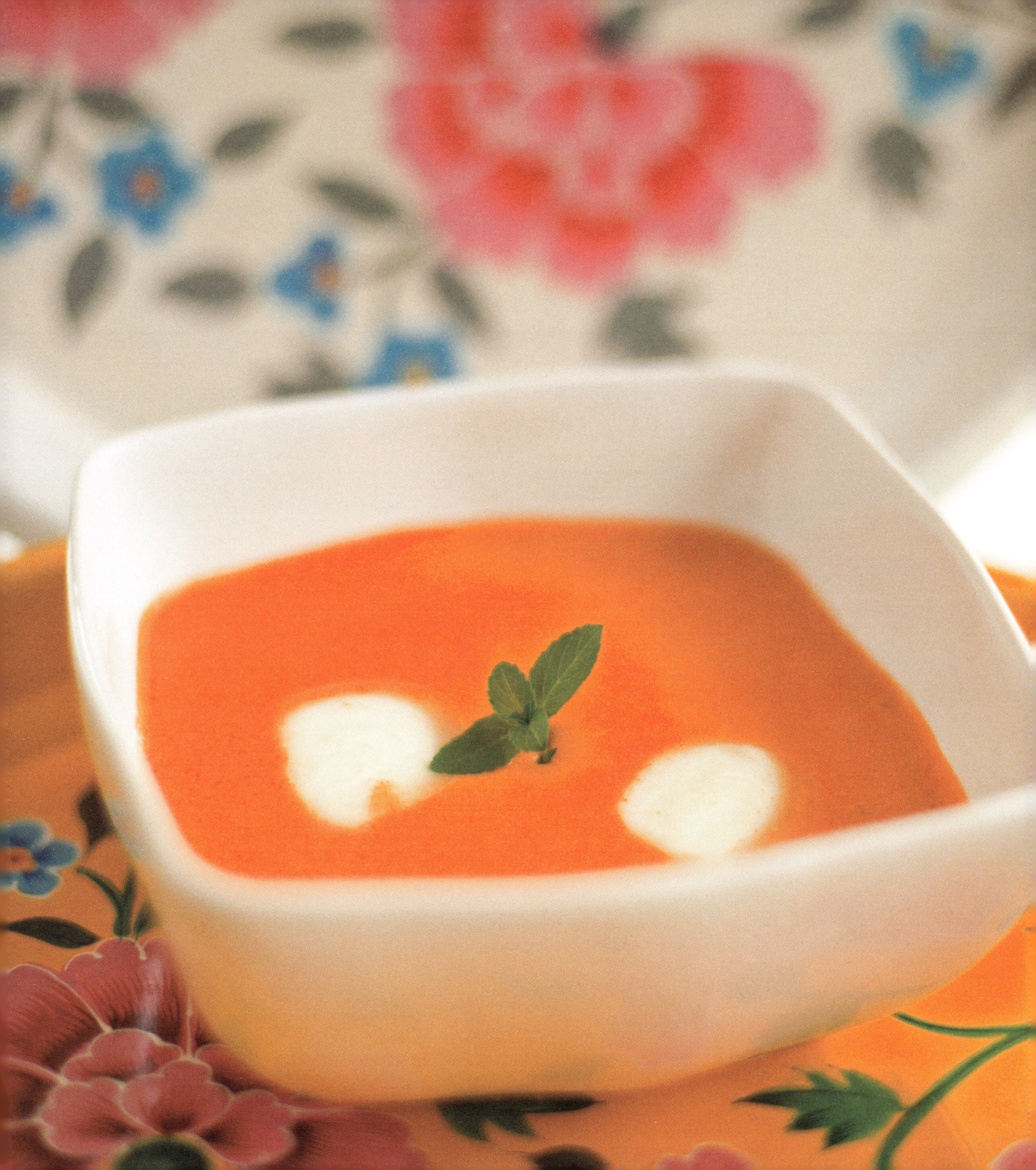

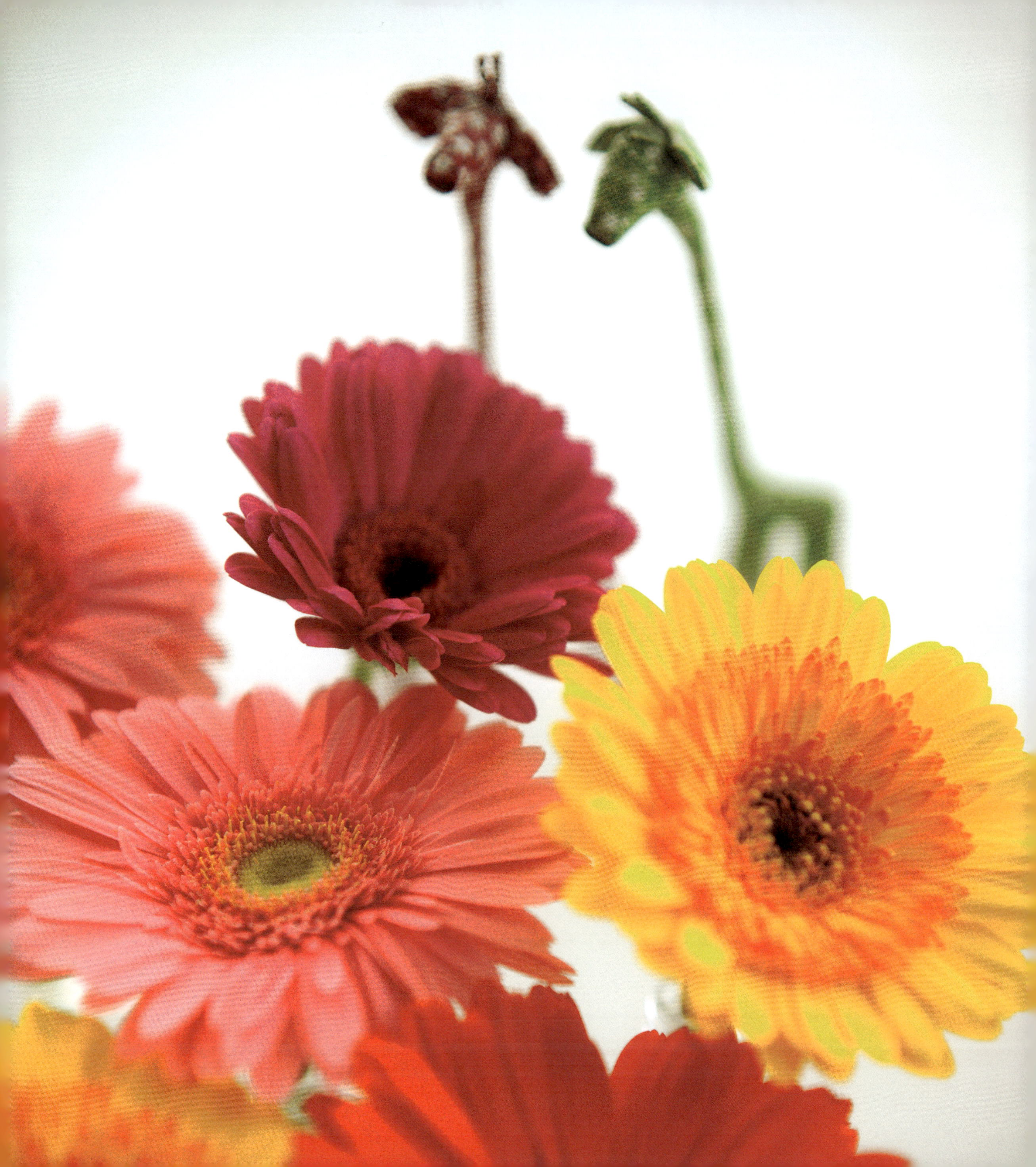

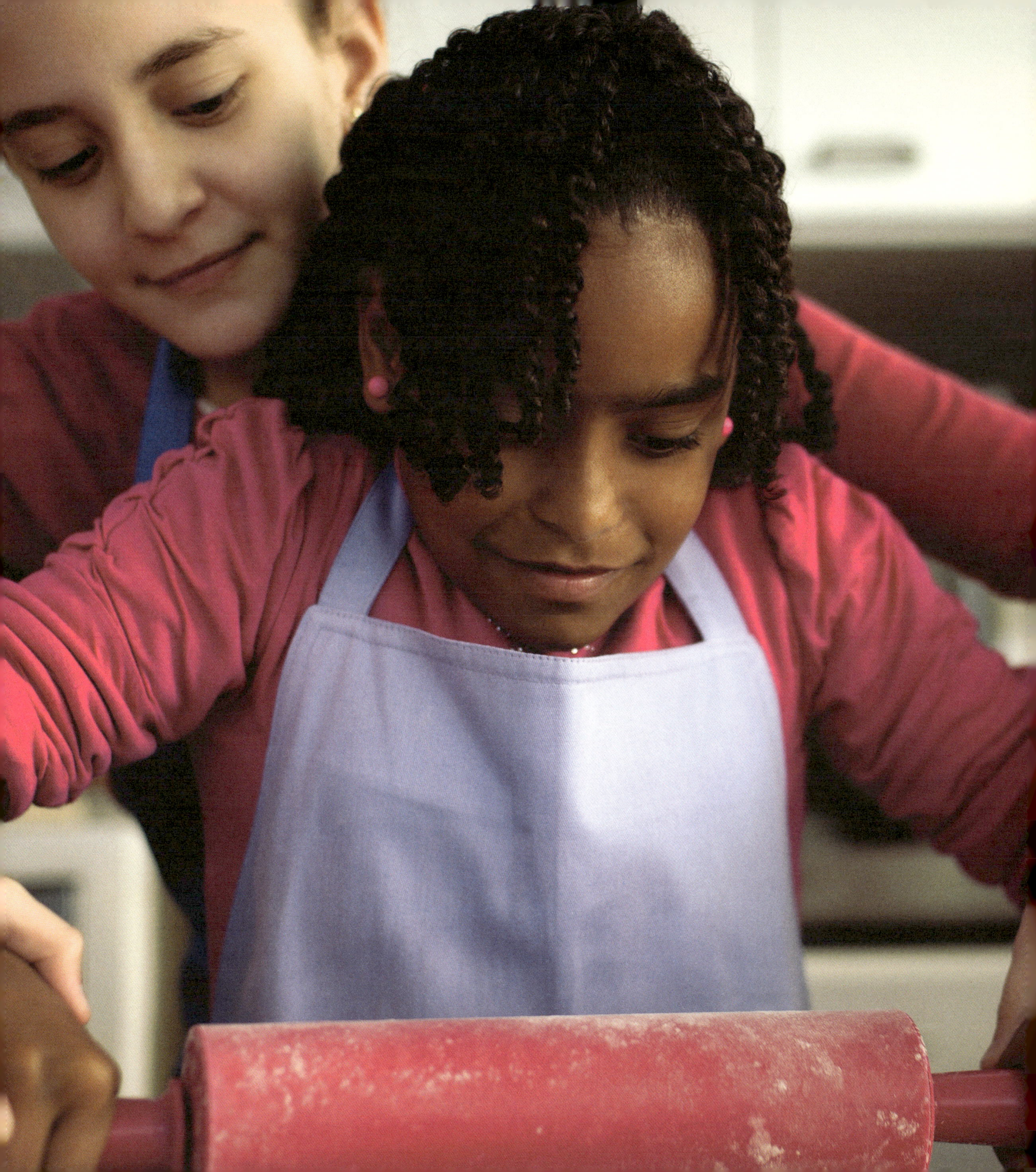

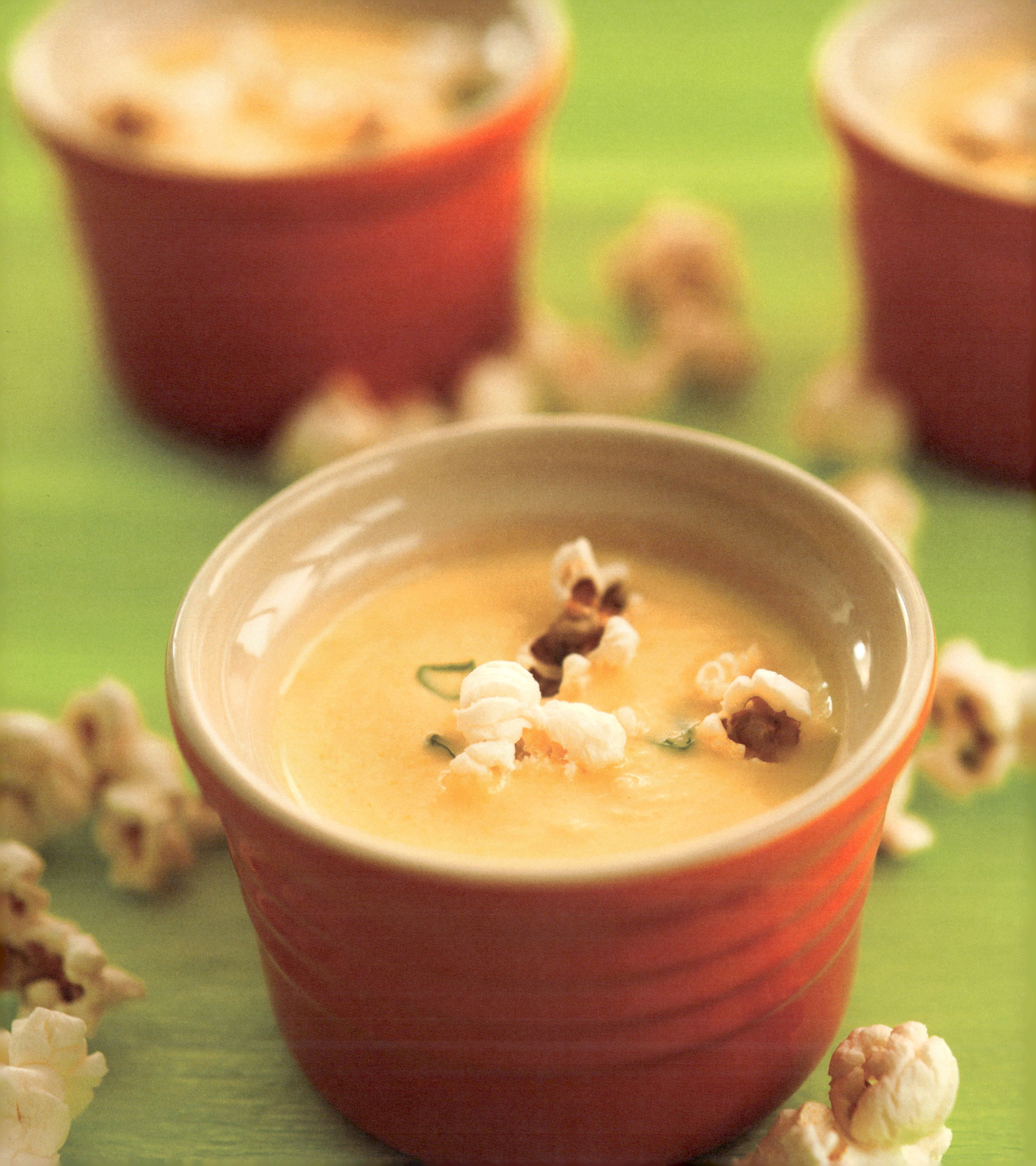

SOPA PIPOCA

Todo o mundo gosta de pipoca. Mas numa sopa??? Experimente, é muito gostoso!

INGREDIENTES

400 g	de milho verde congelado (ou de lata, escorrido)
1	xícara de leite
1/2	xícara de cebola picada
1	folha de louro
1/4 a 1/2	colher (chá) de sal
1	pitada de pimenta-do-reino (se quiser)
1	pitada de noz-moscada (ou páprica doce, se quiser experimentar)
1	embalagem de milho para pipoca de micro-ondas
3	colheres (sopa) de requeijão cremoso
2	colheres (sopa) de cebolinha-verde lavada e picada (com tesoura)

rendimento: 4 porções

MÃOS À OBRA

USE O LIQUIDIFICADOR
Coloque o milho com o leite e a cebola no copo do liquidificador. Bata muito bem por pelo menos 2 minutos ou até formar um creme bem liso.

DEPOIS, A PENEIRA
Apoie a peneira sobre uma panela e coloque a mistura, apertando as cascas dos grãos de milho com uma colher para extrair o máximo de líquido. Coloque a mistura peneirada numa panela e adicione a folha de louro.

AGORA, CHEGOU A VEZ DO FOGÃO
Leve ao fogo baixo, com a panela tampada, por 15 minutos. Acrescente o sal, e, se quiser, a pimenta e a noz-moscada e retire do fogo.

ENQUANTO ISSO, ESTOURE A PIPOCA
Coloque o milho no micro-ondas e estoure a pipoca. Você vai precisar de 2 xícaras para a sopa.

SOPA + PIPOCA = UMA BOA IDEIA
Coloque o requeijão e a cebolinha na sopa e misture bem. Passe para uma sopeira grande ou distribua em pratos ou tigelinhas individuais. Salpique com a pipoca e sirva imediatamente.

ⓘ SE VOCÊ QUISER SABER O QUE É UMA PITADA OU COMO LAVAR OS ALIMENTOS, AS INFORMAÇÕES ESTÃO NO CAPÍTULO *É IMPORTANTE SABER COMO...* NA PÁGINA 31.

PATÊ DE OVO COM AZEITONA

Patê com torrada fica bom... Mas você também pode variar e servir com batatinhas chips ou usar como recheio de sanduíche.

INGREDIENTES

- **4** colheres (sopa) de cream cheese
- **1** colher (sopa) de leite
- **1/2** colher (sopa) de azeite de oliva
- **2** colheres (sopa) de azeitona verde sem caroço picada (Se preferir a preta, pode ser também. E se gostar da recheada, também fica ótima!)
- **1** colher (sopa) de folhas de salsinha lavadas e picadas (com tesoura)
- **1** colher (sopa) de cebolinha-verde lavada e picada (com tesoura)
- **1** pitada de pimenta-do-reino (se quiser)
- **4** ovos cozidos picados
- **1** pitada de sal

rendimento: 4 a 6 porções

MÃOS À OBRA

PRIMEIRO...
Misture bem numa tigela o cream cheese, o leite e o azeite. Acrescente a azeitona, a salsinha e a cebolinha e junte, se quiser, a pimenta.

NÃO SE ESQUEÇA DOS OVOS
Junte os ovos com esse creme, misturando delicadamente. Prove e veja se falta sal. Como as azeitonas já são bem salgadas, pode ser que não precise. Se precisar, coloque apenas 1 pitada. Deixe na geladeira até a hora de servir.

ⓘ SE VOCÊ QUISER SABER O QUE É UMA PITADA, COMO LAVAR OS ALIMENTOS OU COZINHAR OVOS, AS INFORMAÇÕES ESTÃO NO CAPÍTULO *É IMPORTANTE SABER COMO...* NA PÁGINA 31.

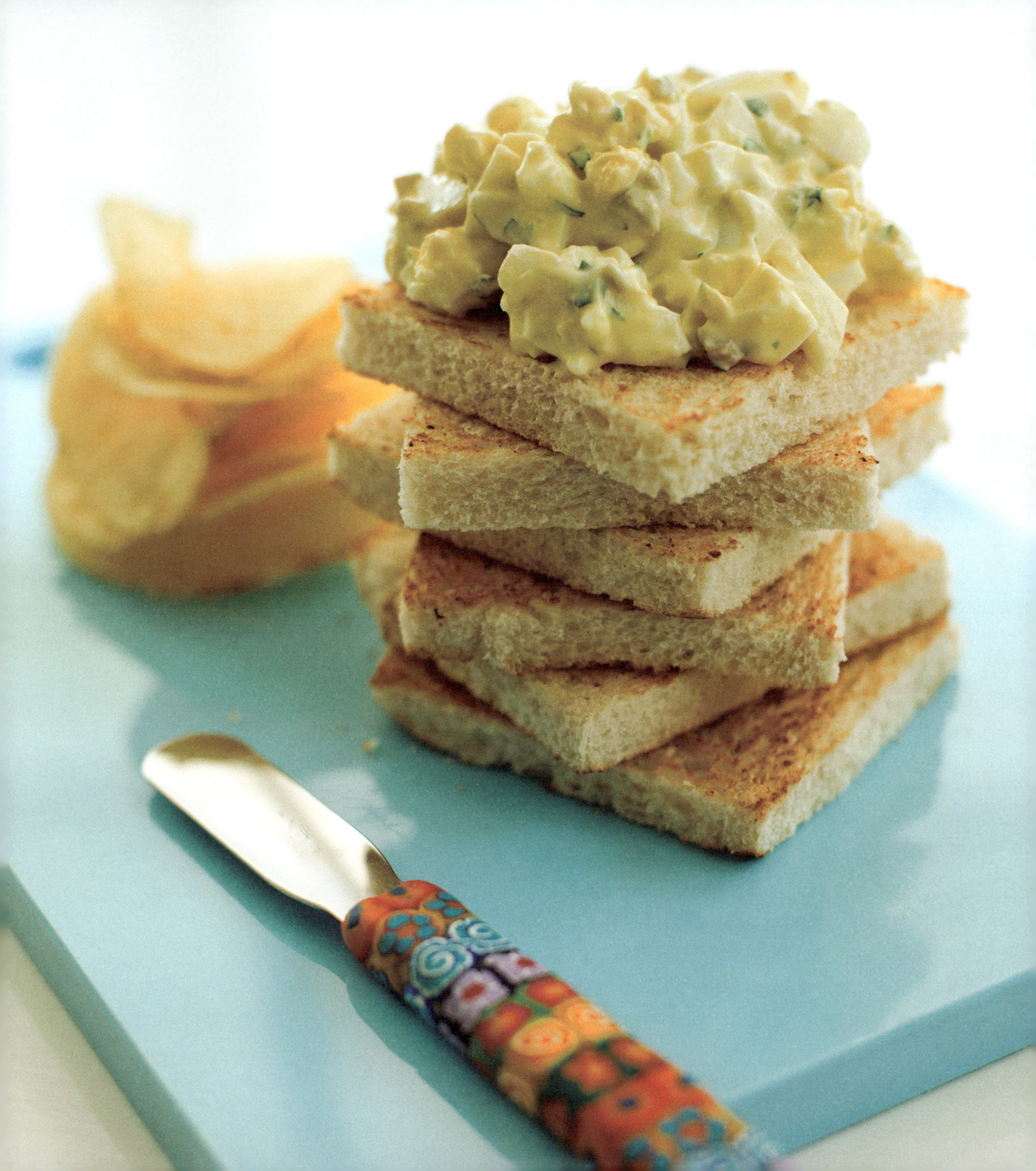

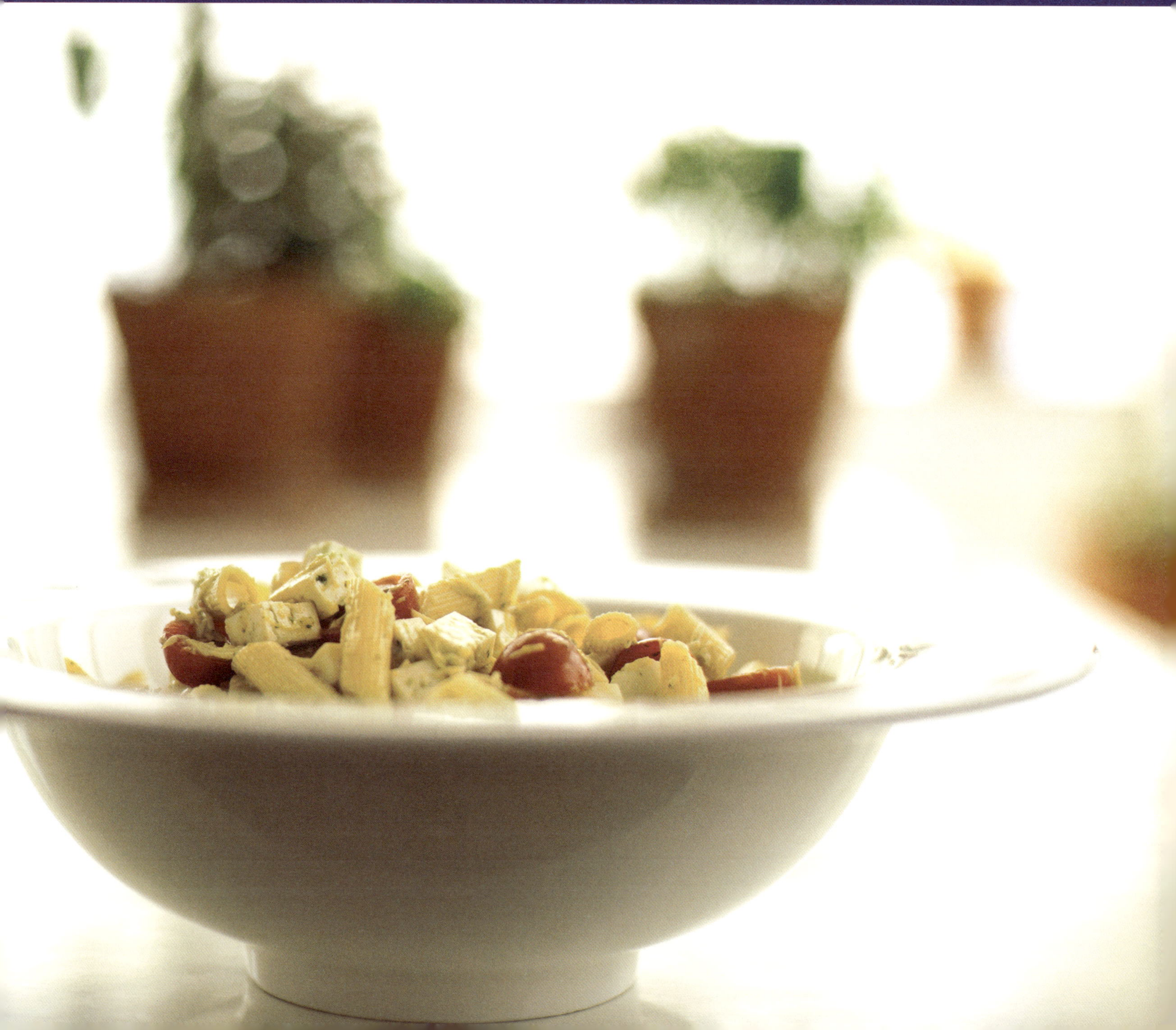

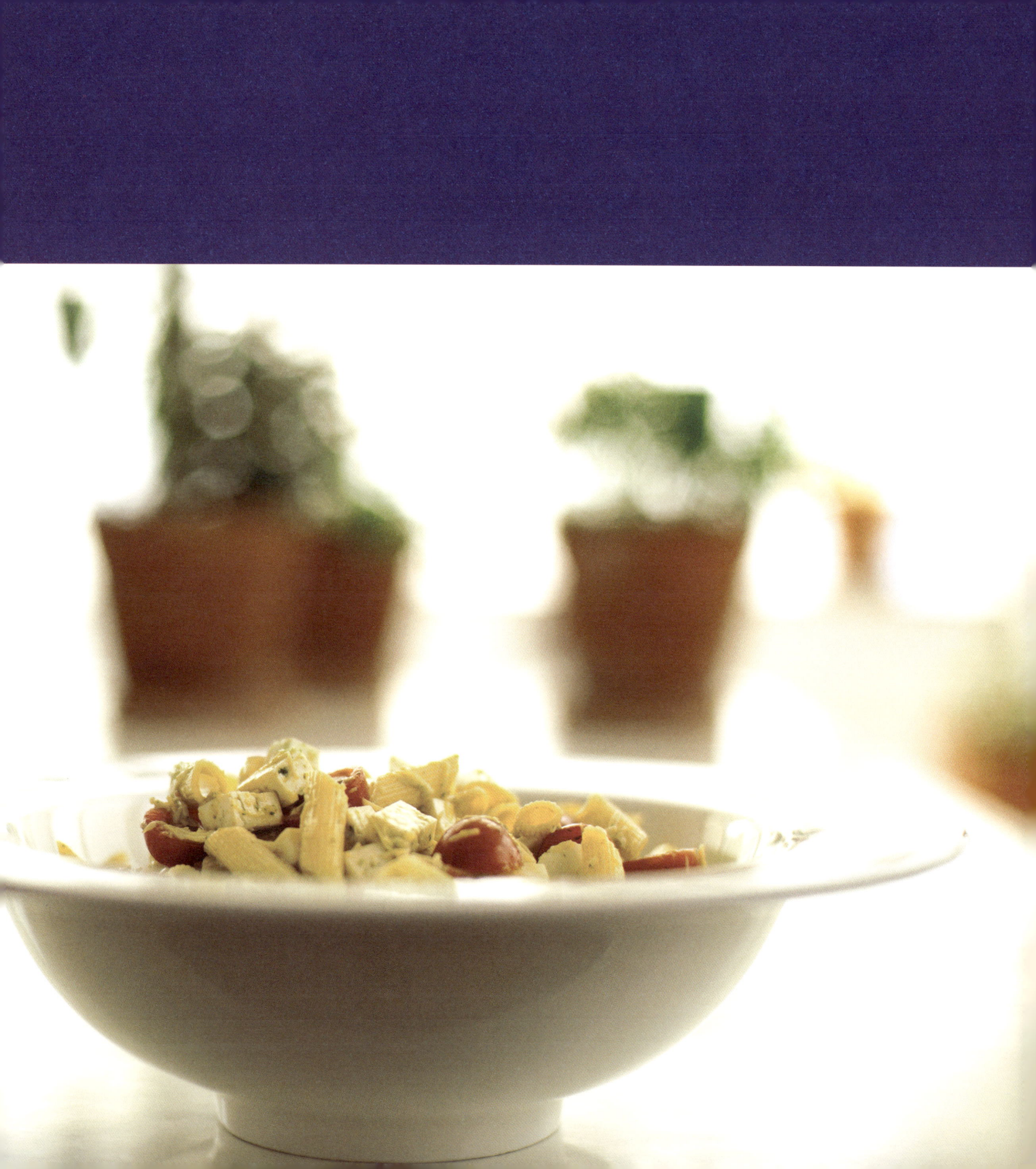

meio

SALADA DE MACARRÃO COM PESTO DE SALSINHA

Macarrão também pode virar salada. Uma ótima pedida para um dia quente.

VAMOS PRA COZINHA?
61

INGREDIENTES

PESTO DE SALSINHA

1/2	xícara de folhas de salsinha lavadas (medir apertado na xícara)
1	dente de alho
4	colheres (sopa) de vinagre de vinho branco (ou tinto)
4	colheres (chá) de mostarda
1/2	xícara de óleo de milho
1/2	xícara de azeite de oliva
1	xícara de queijo parmesão ralado

SALADA

3	litros de água para o cozimento da massa
3	colheres (sopa) + **1/4** a **1/2** colher (chá) de sal (ou a gosto)
300 g	de massa tipo parafuso (se você preferir, pode ser penne também)
12	tomates-cereja lavados e cortados ao meio
250 g	de queijo de minas fresco cortado em cubinhos

rendimento: 4 porções

MÃOS À OBRA

COMECE PELO MOLHO
Coloque todos os ingredientes do pesto de salsinha no copo do liquidificador e bata bem até virar um creme bem verde.

COZINHE O MACARRÃO
Ferva numa panela grande a água e 3 colheres de sopa de sal. Mantenha o fogo alto e coloque o macarrão, mexendo um pouco de vez em quando (isso ajuda a massa a não grudar). Você pode ver o tempo de cozimento na embalagem da massa ou provar de vez em quando. O ideal é que o macarrão fique "ao dente", ou seja, cozido mas ainda um pouquinho resistente à mordida. Retire do fogo e escorra a água do cozimento num escorredor colocado na pia. Abra a torneira e passe o macarrão pela água fria para esfriar bem. Deixe escorrer completamente.

HORA DE MONTAR A SALADA
Misture numa tigela grande o macarrão frio com o pesto. Acrescente o tomate e o queijo de minas. Misture delicadamente e prove o sal. Se precisar ajustar, polvilhe mais um pouquinho e prove novamente. Passe para uma travessa e sirva.

i

SE VOCÊ QUISER SABER COMO LAVAR OS ALIMENTOS, A INFORMAÇÃO ESTÁ NO CAPÍTULO *É IMPORTANTE SABER COMO...* NA PÁGINA 31.

TORRE DE LEGUMES E QUEIJO

Esta torre de legumes pode ser feita de diferentes maneiras: escolha os legumes e as combinações de que você mais goste e prove todas!

INGREDIENTES

- **3** tomates bem vermelhos lavados e cortados em fatias de 1 dedo de espessura
- **1** berinjela pequena com casca lavada e cortada em fatias de 1 dedo de espessura
- **1** abobrinha pequena com casca lavada e cortada em fatias de 1 dedo de espessura
- **1/4** de colher (chá) de sal (ou a gosto)
- **1** colher (sopa) de alecrim seco ou orégano seco (você escolhe)
- **1** pitada de pimenta-do-reino (se quiser)
- **4** colheres (chá) de azeite de oliva
- **3** bolas grandes de mussarela cortadas em fatias de 1/2 dedo de espessura
- folhinhas de salsinha (ou manjericão) lavadas para enfeitar

rendimento: 6 porções

MÃOS À OBRA

PRIMEIRO, ACENDA O FORNO
Ligue e preaqueça o forno em temperatura alta (220°C).

DEPOIS, CUIDE DOS LEGUMES
Deixe as fatias de tomate escorrerem por alguns minutos sobre uma folha de papel absorvente. Distribua numa assadeira grande o tomate, a abobrinha e a berinjela. Salpique o tempero sobre os legumes: sal, alecrim e, se quiser, pimenta. Regue com o azeite e cubra com papel-alumínio.

LEVE OS LEGUMES AO FORNO
Asse por aproximadamente 30 minutos ou até que os legumes estejam macios. Retire do forno e espere esfriar. Mantenha o fogo aceso porque você irá usá-lo novamente daqui a pouco.

AGORA, MONTE AS TORRES
Monte na assadeira as torres com as mãos, fazendo assim: 1 fatia de berinjela + 1 de tomate + 1 de mussarela + 1 de berinjela + 1 de abobrinha + 1 de mussarela + 1 de tomate + 1 de abobrinha. Ou, se preferir, faça apenas com berinjela e queijo ou tomate e queijo ou só com os legumes, sem o queijo.

USE O FORNO NOVAMENTE
Leve ao forno apenas para aquecer bem e derreter o queijo. Fique de olho!

PARA TERMINAR...
Retire do forno e enfeite com as folhinhas de salsinha ou manjericão, o que você preferir. Sirva imediatamente.

SE VOCÊ QUISER SABER O QUE É UMA PITADA, COMO LAVAR OS ALIMENTOS OU PREAQUECER O FORNO, AS INFORMAÇÕES ESTÃO NO CAPÍTULO *É IMPORTANTE SABER COMO...* NA PÁGINA 31.

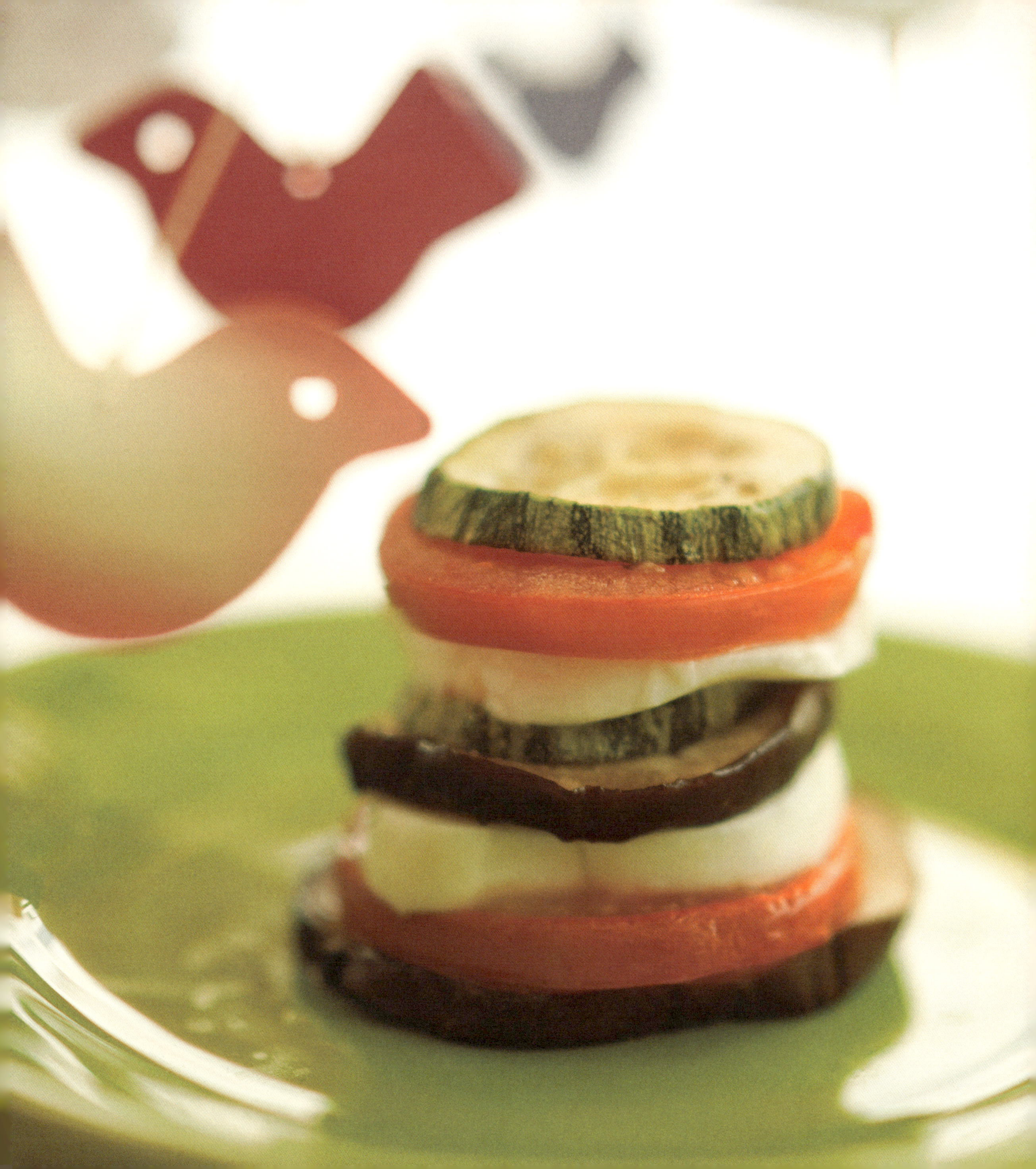

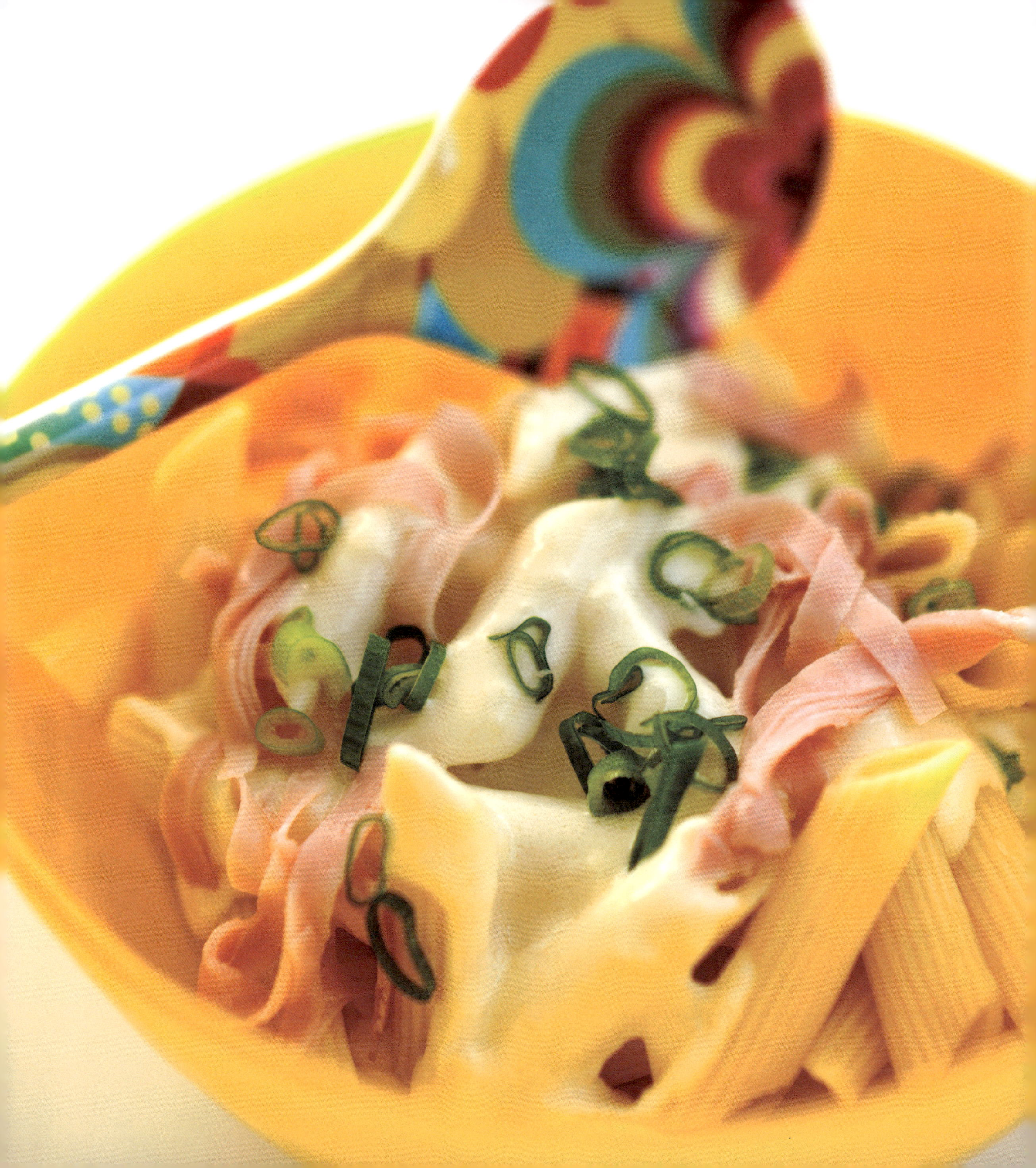

PENNE COM MOLHO DE QUEIJO, PRESUNTO E CEBOLINHA

Muitas coisas combinam com este molho de queijo! Experimente colocar no lugar do presunto, lascas de frango, tomates secos ou peito de peru. E, se preferir, use mussarela ou queijo prato no lugar do parmesão.

INGREDIENTES

MOLHO

- 2 colheres (sopa) de manteiga sem sal
- 2 colheres (sopa) de farinha de trigo
- 2 xícaras de leite
- 3/4 de xícara + 2 colheres (sopa) de creme de leite fresco
- 7 colheres (sopa) de queijo parmesão ralado
- 1 pitada de pimenta-do-reino (se quiser)

MASSA

- 3 litros de água para o cozimento da massa
- 3 colheres (sopa) de sal
- 300 g de massa tipo penne comum ou tricolor
- 100 g de presunto cozido magro cortado em tiras
- 2 colheres (sopa) de cebolinha-verde lavada e picada (com tesoura)
- queijo parmesão ralado para polvilhar (o quanto você quiser!)

rendimento: 4 porções

MÃOS À OBRA

COMECE PELO MOLHO
Coloque numa panela a manteiga e leve ao fogo baixo para derreter. Acrescente a farinha de uma vez só e mexa bem até formar uma espécie de massinha. Deixe no fogo por 1 minuto até que fique bem aquecida e borbulhante. Retire a panela do fogo e a apoie num pano ou num aparador de panela para não queimar a bancada.

JUNTE O LEITE
Coloque um pouquinho de leite (bem pouquinho mesmo, mais ou menos 2 colheres de sopa). Mexa bem até que a massinha absorva todo o leite. Coloque um pouco mais de leite e mexa novamente. Vá fazendo isso até que a mistura comece a ficar bem líquida. Aí você pode colocar o leite restante de uma vez.

RETORNE AO FOGO
Leve ao fogo até ferver e o molho engrossar. Acrescente o creme de leite e deixe ferver de novo. Retire do fogo e junte o queijo ao molho ainda quente. Prove e veja se ele precisa de sal (às vezes, precisa, às vezes, não, depende do queijo que você usou). Se quiser, polvilhe 1 pitada de pimenta.

COZINHE O MACARRÃO
Ferva numa panela grande a água e o sal. Mantenha o fogo alto e coloque o macarrão, mexendo um pouco de vez em quando para que ele não grude. Você pode ver o tempo de cozimento na embalagem da massa ou provar de vez em quando. O ideal é que o macarrão fique "ao dente", ou seja, cozido mas ainda um pouquinho resistente à mordida. Retire do fogo e escorra a água do cozimento num escorredor colocado na pia.

MISTURE OS INGREDIENTES E SIRVA
Coloque o macarrão de volta na panela e junte o molho de queijo, misturando bem. Acrescente o presunto e misture. Coloque numa travessa ou em pratos. Polvilhe com cebolinha e queijo. Sirva imediatamente.

VAMOS PRA COZINHA? **65**

i

SE VOCÊ QUISER SABER MAIS SOBRE O USO DO CREME DE LEITE, O QUE É UMA PITADA OU COMO LAVAR OS ALIMENTOS, AS INFORMAÇÕES ESTÃO NO CAPÍTULO *É IMPORTANTE SABER COMO…* NA PÁGINA 31.

FILÉ DE PEIXE EMPANADO COM QUEIJO

A cobertura feita de farinha de rosca e queijo ralado faz com que o peixe fique crocante.

INGREDIENTES

- 1 xícara de queijo parmesão ralado
- 1 xícara de farinha de rosca
- 4 colheres (sopa) de manteiga sem sal
- 1 colher (sopa) de folhas de salsinha lavadas e picadas (com tesoura)
- 4 filés de peixe (pode ser pesca-da-branca ou merluza)
- 4 pitadas de sal (ou a gosto)
- 4 pitadas de pimenta-do-reino (se quiser)
- manteiga sem sal para untar

rendimento: 4 porções

SE VOCÊ QUISER SABER O QUE É UMA PITADA, COMO LAVAR OS ALIMENTOS, UNTAR UMA FÔRMA OU PREAQUECER O FORNO, AS INFORMAÇÕES ESTÃO NO CAPÍTULO É IMPORTANTE SABER COMO... *NA PÁGINA 31.*

MÃOS À OBRA

PRIMEIRO, FAÇA A COBERTURA
Misture numa tigela o queijo com a farinha de rosca e espalhe num prato raso. Reserve. Derreta a manteiga no micro-ondas ou em fogo baixo. Misture a manteiga com a salsinha e coloque num prato fundo.

NÃO ESQUEÇA DE ACENDER O FORNO
Ligue e preaqueça o forno em temperatura bem alta (240°C).

DEPOIS, TEMPERE OS FILÉS
Lave e seque bem os filés de peixe. Tempere com sal e, se quiser, pimenta. Passe com a ajuda dos dedos ou de um pincel a mistura de manteiga e salsinha nos dois lados de cada filé, sem excessos, para que não fique gorduroso.

Depois coloque os filés no prato com a mistura de farinha e queijo. Cubra cada filé com essa mistura, virando os dois lados e apertando de leve, para deixá-lo bem empanado.

CUIDE DA FÔRMA
Unte uma fôrma refratária com um pouco de manteiga e distribua os filés.

É HORA DO PEIXE FICAR CROCANTE
Leve ao forno na grade mais alta e asse por 5 a 10 minutos, dependendo da grossura do filé. Para saber se eles já estão assados, espete um garfo, virando-o dentro do peixe. Se a carne se soltar facilmente do garfo, o peixe estará pronto. Retire do forno e sirva imediatamente.

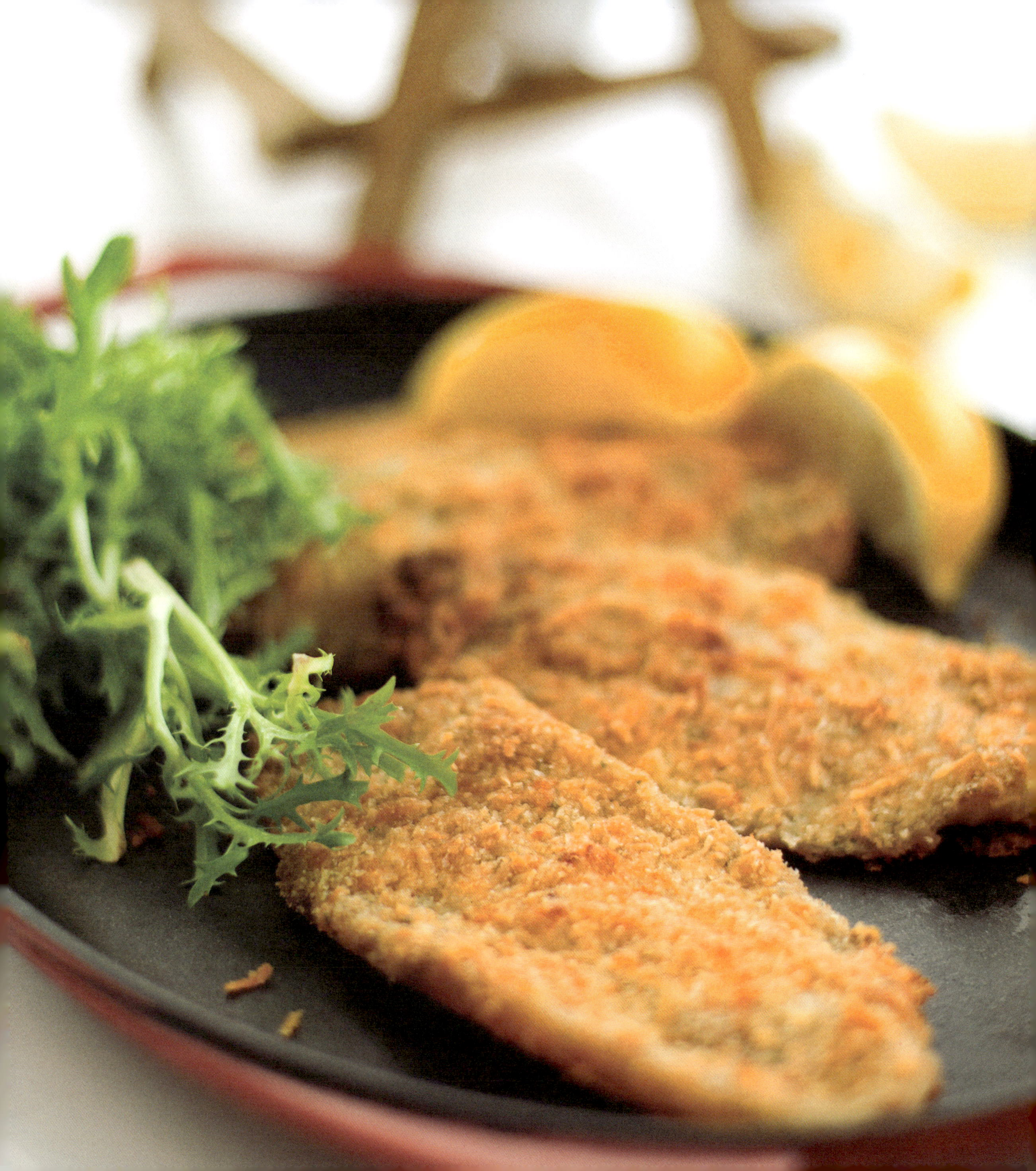

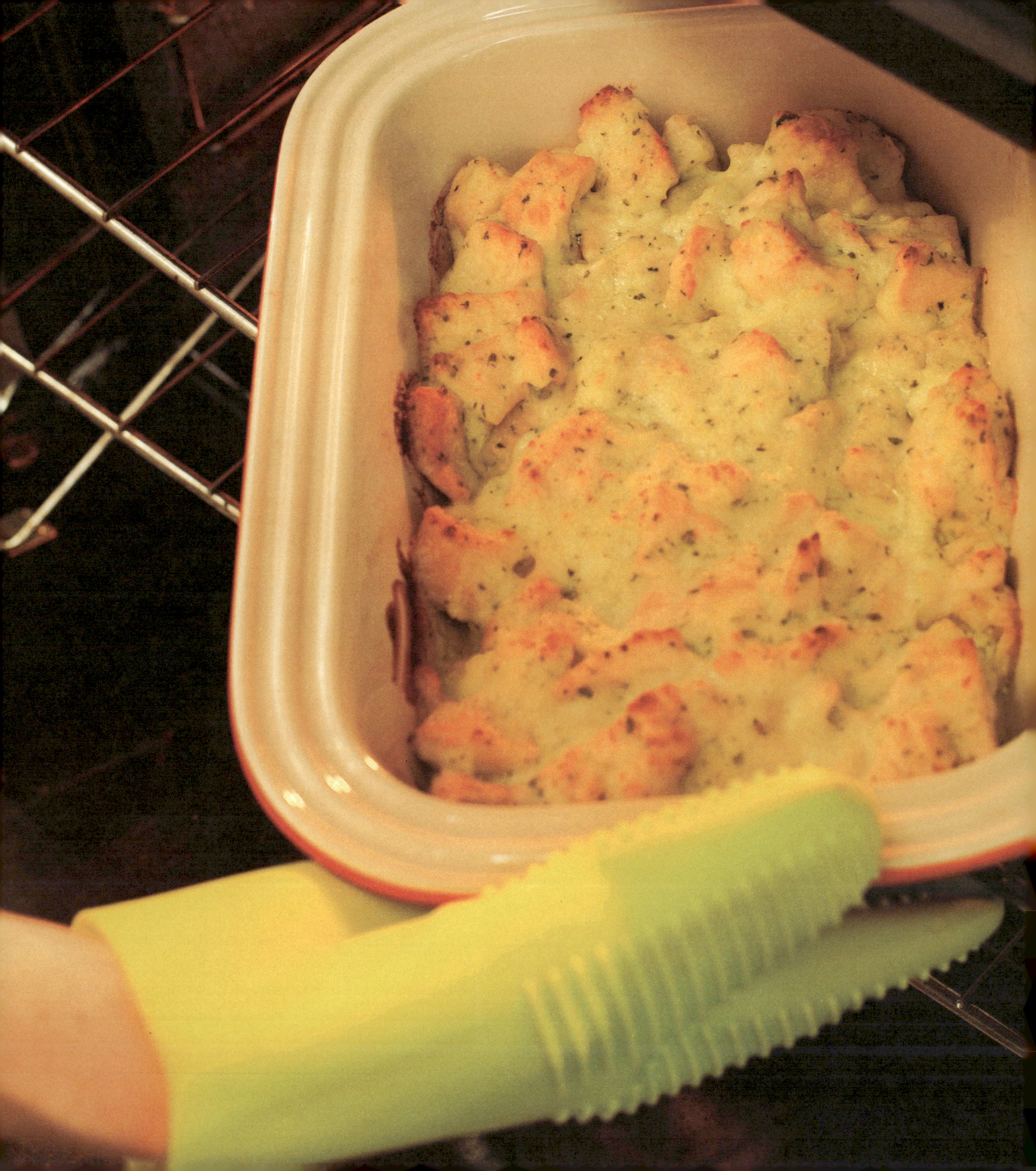

FRANGO COM CATUPIRY

Você sabia que Catupiry é um tipo de queijo que só existe no Brasil?

INGREDIENTES

500 g	de filé de frango
2	colheres (sopa) de óleo de milho
1	colher (sopa) de cebola picada
1	colher (chá) de sal
1	queijo tipo Catupiry **(410 g)**
1	colher (sopa) de folhas de salsinha lavadas e bem picadas (com tesoura)

rendimento: 4 a 6 porções

MÃOS À OBRA

PRIMEIRO, CUIDE DO FRANGO
Lave bem os filés de frango e corte em pedaços pequenos. Reserve.

NÃO ESQUEÇA DE ACENDER O FORNO
Ligue e preaqueça o forno em temperatura alta (220°C).

HORA DE LEVAR O FRANGO PARA COZINHAR
Coloque numa panela o óleo e deixe esquentar. Junte os pedaços de frango, a cebola e o sal e cozinhe por 15 minutos ou até que o frango esteja branquinho por dentro, mas ainda macio. Retire do fogo.

JUNTE O CATUPIRY
Amasse o Catupiry com um garfo, junte ao frango, acrescente a salsinha e misture bem. Coloque essa mistura numa fôrma refratária.

A CAMINHO DO FORNO E DEPOIS PARA A MESA
Leve ao forno e asse por 5 a 10 minutos para esquentar e gratinar. Retire do forno e sirva imediatamente. Para acompanhar, arroz é uma boa pedida.

SE VOCÊ QUISER SABER COMO LAVAR OS ALIMENTOS OU PREAQUECER O FORNO, AS INFORMAÇÕES ESTÃO NO CAPÍTULO É IMPORTANTE SABER COMO... NA PÁGINA 31.

ESPETINHOS DE LEGUMES

Aqui você poderá brincar muito com as combinações de sabores, cores e texturas. Quanto mais variados os espetinhos, mais divertida será a comilança!

INGREDIENTES

MOLHO

- 1/2 colher (chá) de páprica doce
- 1 pitada de sal
- 2 colheres (sopa) de vinagre de vinho branco
- 3 colheres (sopa) de molho de soja (shoyu)
- 3 colheres (chá) de orégano seco
- 4 colheres (sopa) de azeite de oliva

ESPETINHOS (escolha quantos ingredientes quiser)

- tomate-cereja lavado
- palmito pupunha cortado em cubos
- abobrinha lavada e cortada em cubos
- floretes de brócolis japoneses (ninja) lavados
- cogumelo-de-paris fresco lavado
- cogumelo shiitake lavado (retire com uma faca a parte dura da base do caule)
- cebola pequena sem casca (aquela para conserva)
- berinjela lavada e cortada em cubos
- beterraba cozida e cortada em cubos
- queijo de coalho cortado em cubos
- mandioquinha sem casca cozida e cortada em rodelas grossas
- cenoura raspada cozida e cortada em rodelas grossas
- batata bolinha cozida
- óleo de milho para untar

OBSERVAÇÃO: os legumes que levam mais tempo para ficar macios, como mandioquinha, beterraba, batata etc. têm que ser cozidos antes. Mas preste atenção para não cozinharem demais, senão se desmancham.

MÃOS À OBRA

COMECE COM O MOLHO

Dissolva numa tigela a páprica e o sal no vinagre mexendo com uma colher. Acrescente os outros ingredientes, batendo bem com um garfo ou um batedor de arame pequeno para emulsionar.

NÃO ESQUEÇA DE ACENDER O FORNO

Ligue e preaqueça o forno em temperatura alta (220°C).

MONTE OS ESPETINHOS

Espete os legumes em palitos para churrasco de madeira ou de bambu. A combinação de legumes fica a seu gosto, afinal, o cozinheiro aqui é você! Coloque o molho numa travessa funda e passe os espetinhos por ele. Vale também regar com uma colher. Deixe descansar por 10 minutos, virando de vez em quando para que os legumes absorvam bem o molho.

ENQUANTO ISSO, CUIDE DA ASSADEIRA

Unte uma assadeira com um pouco de óleo. Retire os espetinhos do molho e coloque na assadeira. Agora regue-os com o molho que ficou na tigela.

HORA DE IR AO FORNO E DEPOIS COMER

Leve os espetinhos ao forno e asse até que fiquem dourados. Retire do forno e sirva imediatamente.

rendimento: variado

SE VOCÊ QUISER SABER O QUE É UMA PITADA E EMULSIONAR, COMO LAVAR OS ALIMENTOS, UNTAR UMA FÔRMA OU PREAQUECER O FORNO, AS INFORMAÇÕES ESTÃO NO CAPÍTULO *É IMPORTANTE SABER COMO...* NA PÁGINA 31.

VAMOS PRA COZINHA?

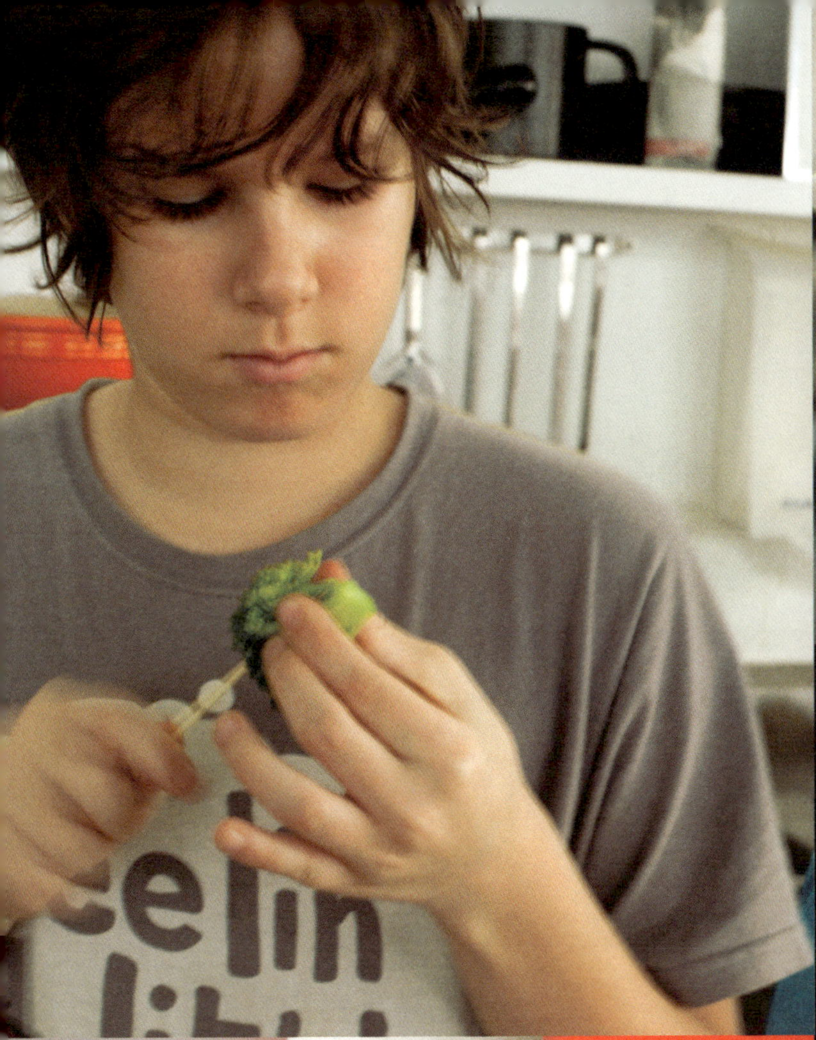

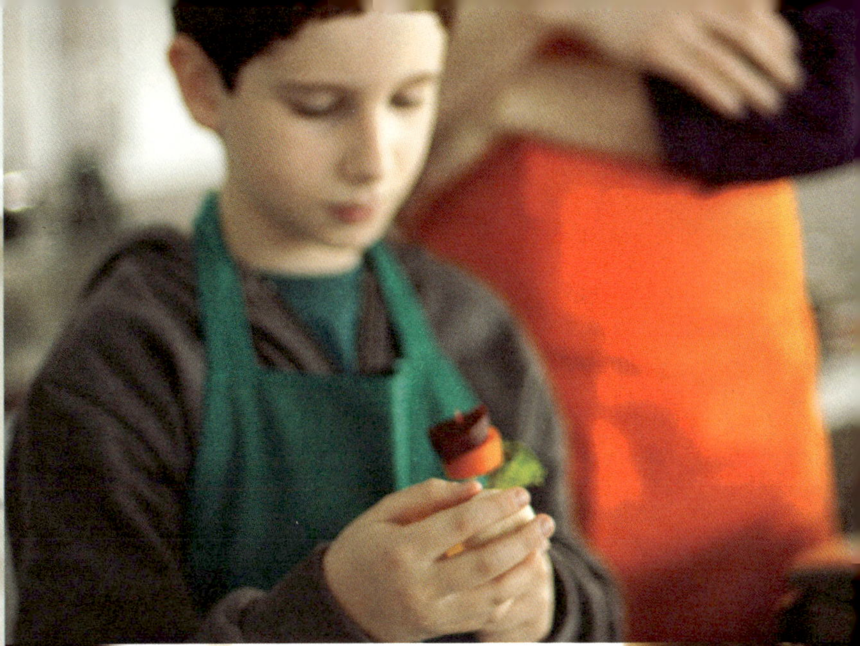

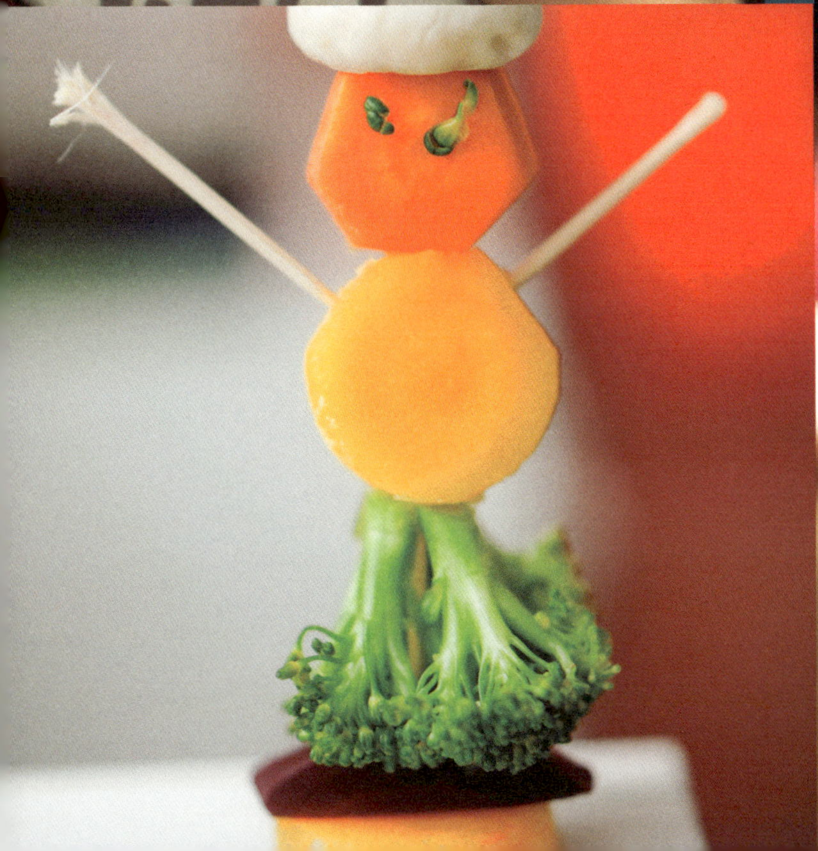

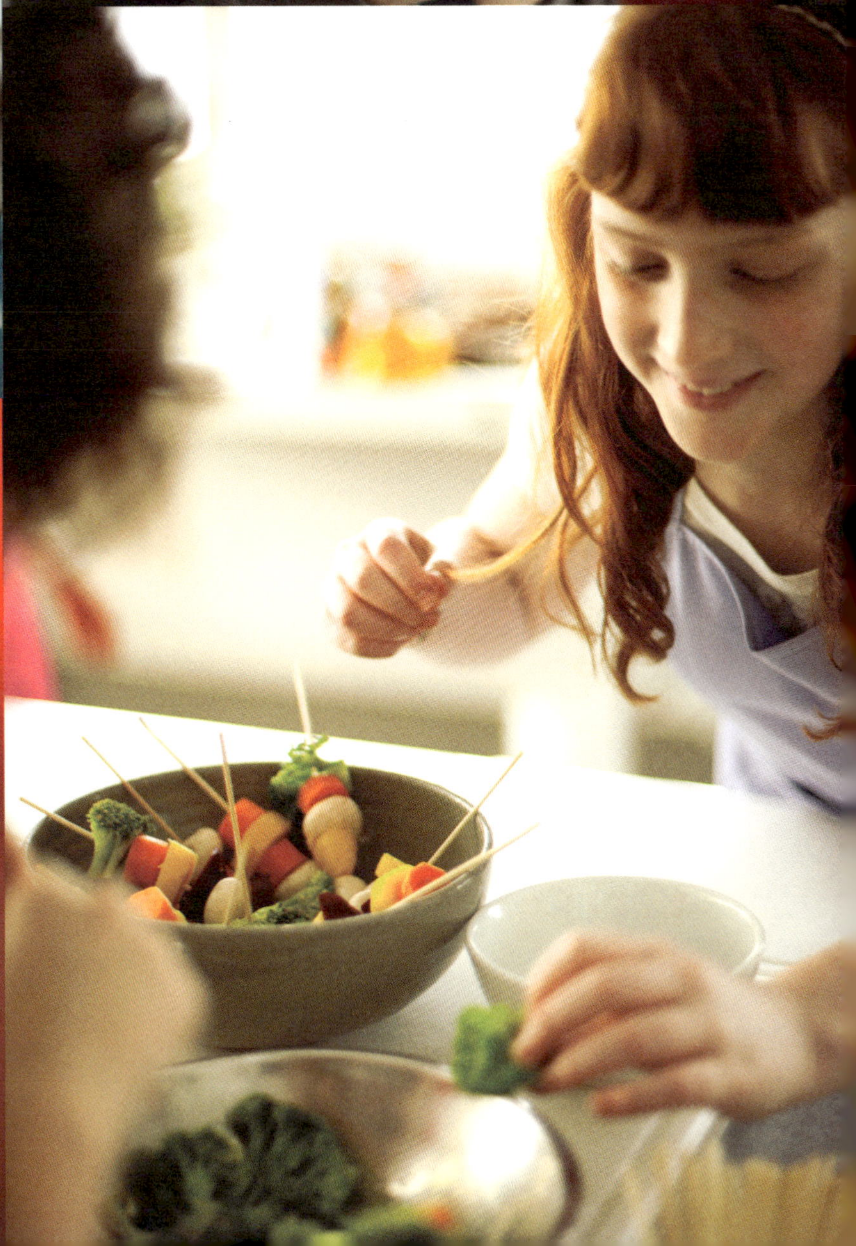

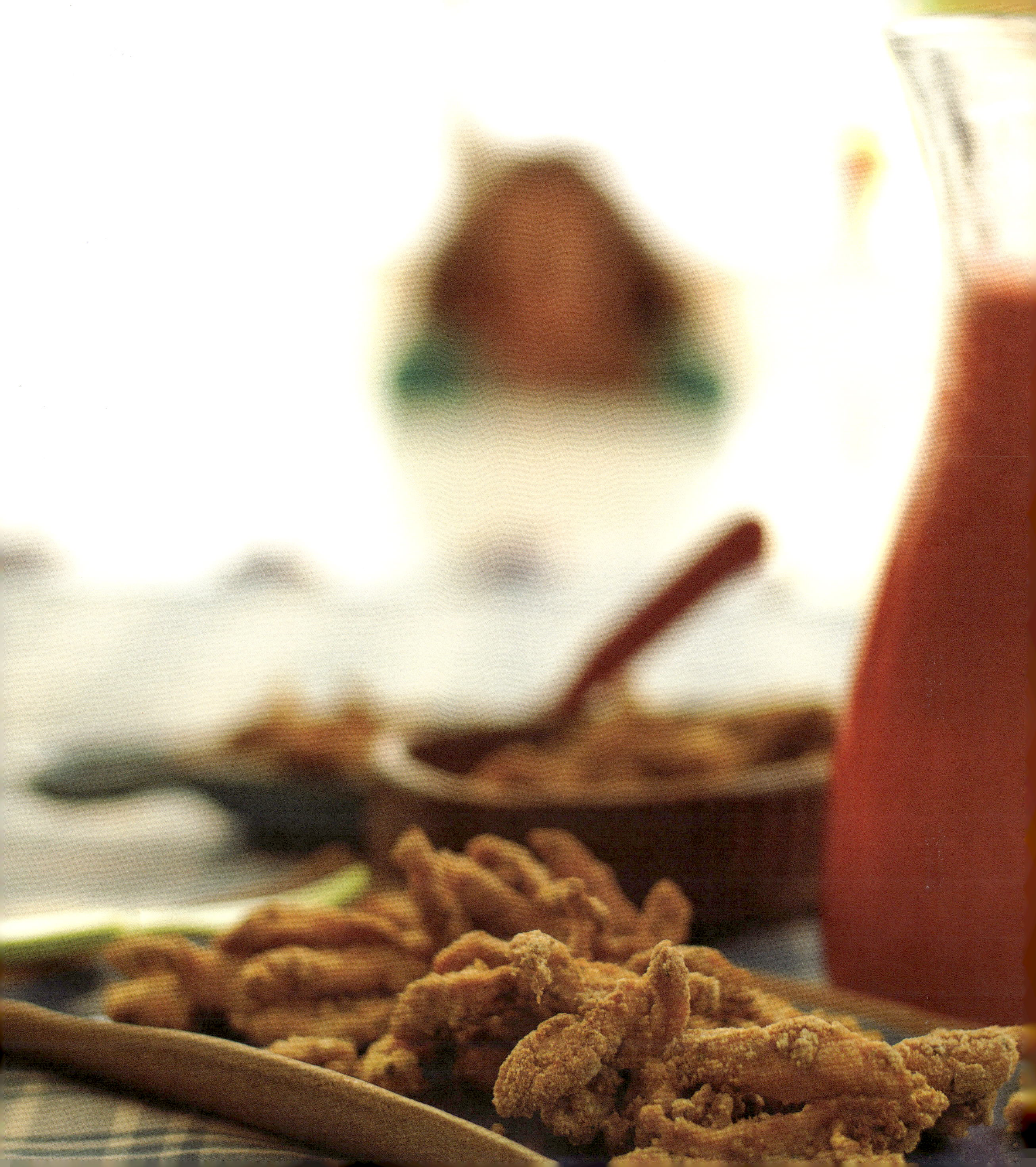

ISCAS DE FRANGO EMPANADAS COM BISCOITO

A graça desta receita é que a cobertura é feita com biscoito. Quer ver?

INGREDIENTES

TEMPERO

- 1/4 de xícara de folhas de salsinha lavadas (medir apertado na xícara)
- 2 colheres (sopa) de folhas de manjericão lavadas
- 1 dente de alho cortado em 4 partes
- 1/2 xícara de cebola bem picada
- 3 colheres (sopa) de vinagre de vinho branco (ou tinto)
- 1 colher (sopa) de água
- 3 colheres (sopa) de maionese light
- 1 colher (sopa) de mostarda
- 1 colher (chá) de sal

ISCAS DE FRANGO

- 500 g de filé de frango lavado e seco
- 150 g de biscoito cream cracker (ou água e sal)

rendimento: 4 a 6 porções

MÃOS À OBRA

PRIMEIRO, FAÇA O TEMPERO
Coloque no copo do liquidificador todos os ingredientes do tempero e bata até obter um creminho verde. Talvez você precise parar o liquidificador e misturar com uma espátula para tirar as folhinhas que podem grudar no copo. Faça isso e continue batendo. Reserve.

CHEGOU A HORA DE CUIDAR DO FRANGO
Corte os filés de frango em tiras, mais ou menos do mesmo tamanho. Junte numa tigela o frango e o tempero verde, misturando bem. Deixe marinando (isso quer dizer: pegando o gosto) por uns 10 minutos.

FAÇA A FAROFA DE BISCOITO
Quebre o biscoito com as mãos e coloque no liquidificador limpo e bem seco para que a bolacha não grude no copo. Bata até obter uma farofa bem fina. Despeje a farofa numa travessa.

HORA DE ACENDER O FORNO
Ligue e preaqueça o forno em temperatura alta (220°C).

EMPANE AS ISCAS DE FRANGO
Pegue as iscas de frango com as mãos ou com uma colher, cubra cada uma com o biscoito e depois coloque numa assadeira.

ISCAS PARA O FORNO E DEPOIS PARA A MESA
Leve ao forno por mais ou menos 20 minutos ou até que o frango esteja levemente dourado por fora e branquinho por dentro. Para verificar, pegue um deles e corte ao meio. Se estiver rosado, ainda não está bom. Tente não se distrair e deixar passar do ponto, senão, em vez de ficarem macios, vão ficar secos. Retire do forno e sirva imediatamente.

VAMOS PRA COZINHA? **73**

SE VOCÊ QUISER SABER COMO LAVAR OS ALIMENTOS OU PREAQUECER O FORNO, AS INFORMAÇÕES ESTÃO NO CAPÍTULO *É IMPORTANTE SABER COMO...* NA PÁGINA 31.

COUSCOUS MARROQUINO COLORIDO

Pode ser servido como acompanhamento ou como salada. Para variar, acrescente outros legumes cozidos ou crus que você gosta.

INGREDIENTES

- 1/2 xícara de floretes de brócolis lavados (Se preferir, use os congelados. Deixe descongelar em temperatura ambiente ou descongele no micro-ondas antes de usar.)
- 1 pitada + **1/2** colher (chá) de sal (ou a gosto)
- 1 xícara de couscous marroquino
- 2 colheres (sopa) de azeite de oliva
- 1 xícara de água fervente
- 1/2 xícara de cenoura sem casca ralada
- 3 colheres (sopa) de azeitona preta picada
- 1/2 xícara de tomate-cereja (ou grape) lavado e cortado ao meio
- 1 colher (sopa) de cebolinha-verde lavada e picada com tesoura (ou folhinhas de manjericão)
- 1/2 colher (chá) de vinagre de vinho branco (ou tinto)
- 1 pitada de pimenta-do-reino (se quiser)

rendimento: 4 porções

MÃOS À OBRA

PRIMEIRO, CUIDE DOS BRÓCOLIS

Coloque água fria numa tigela e junte cerca de 1 bandeja de gelo. Reserve. Coloque água numa panela e junte 1 pitada de sal. Deixe ferver e então acrescente os floretes de brócolis, mas com cuidado para não espirrar. Cozinhe por cerca de 5 minutos. Para saber se estão prontos, espete com um garfo: eles devem estar cozidos mas com a textura ainda bem crocante. Retire do fogo, coloque um escorredor na pia e escorra a água do cozimento. Passe rapidamente os floretes para a tigela com água e gelo. Esse choque térmico manterá os brócolis bem verdes e com todas as suas vitaminas. Essa técnica se chama branqueamento. Deixe ficar na água por 2 ou 3 minutos, até que esfriem bem. Escorra, use ou guarde na geladeira por até 1 dia.

DEPOIS, PREPARE O COUSCOUS

Coloque o couscous numa tigela e junte 1/2 colher de chá de sal e 1 colher de sopa de azeite. Despeje a água fervente nessa tigela com cuidado e mexa para misturar bem. Deixe descansar por 5 minutos (você verá que o couscous vai absorver a água, inchar e ficar macio).

MISTURE OS LEGUMES, TEMPERE E SIRVA

Acrescente a cenoura ralada, a azeitona, os brócolis, o tomate-cereja e a cebolinha. Tempere com o vinagre e o azeite restante e misture. Prove e, se necessário, coloque um pouco mais de sal e, se quiser, pimenta. Sirva quente ou frio.

VAMOS PRA COZINHA?
74

SE VOCÊ QUISER SABER O QUE É UMA PITADA OU COMO LAVAR OS ALIMENTOS, AS INFORMAÇÕES ESTÃO NO CAPÍTULO *É IMPORTANTE SABER COMO...* NA PÁGINA 31.

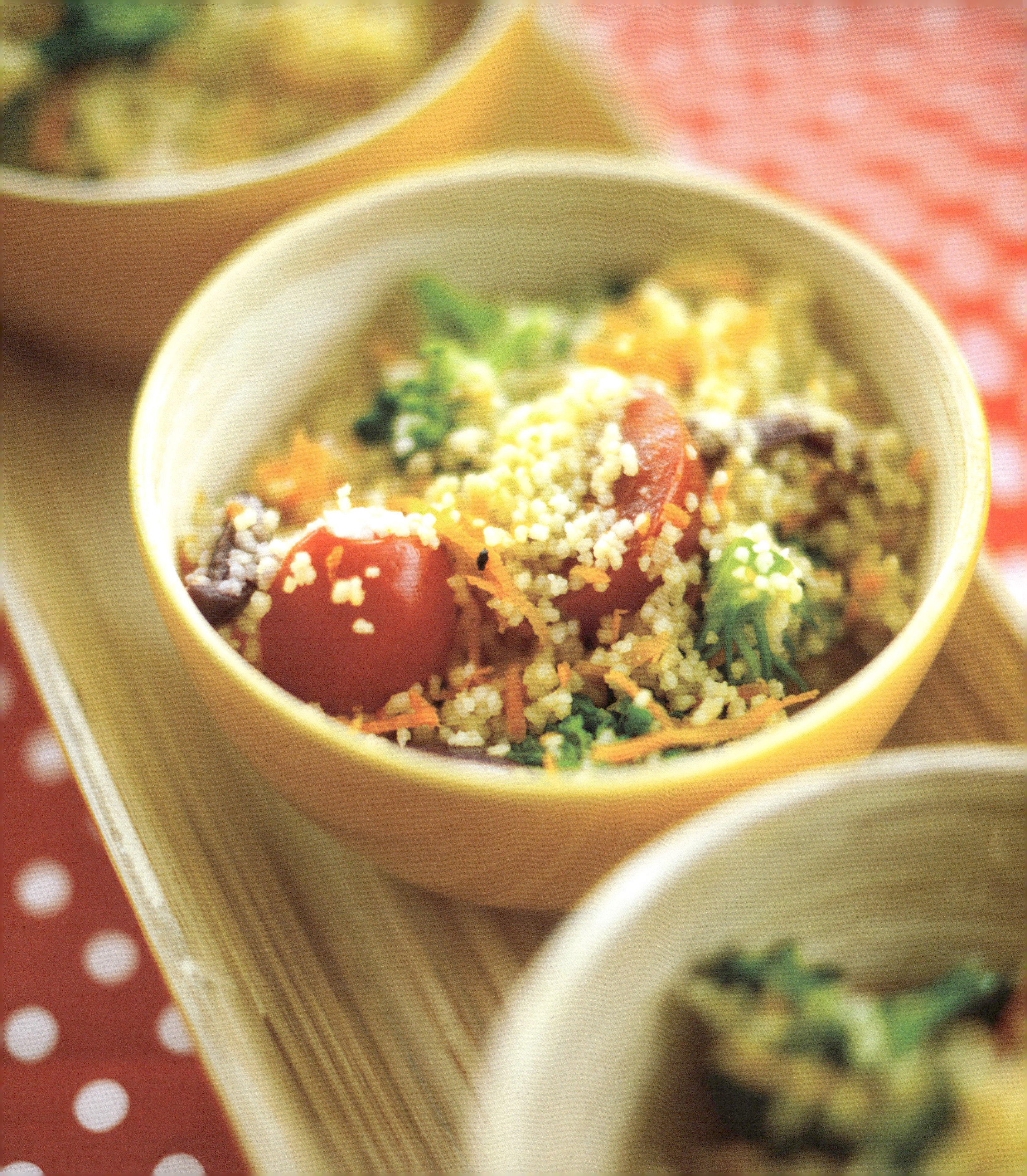

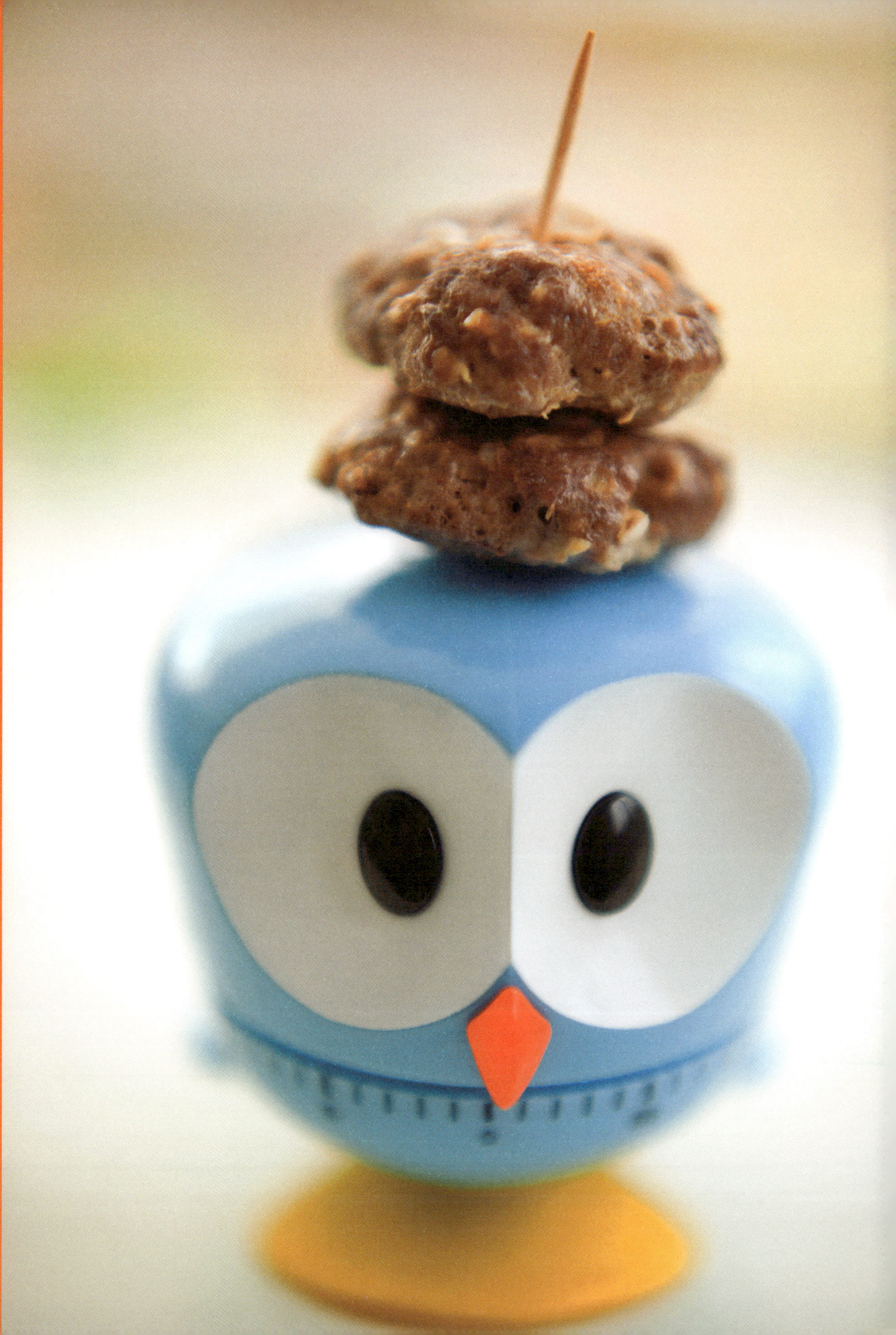

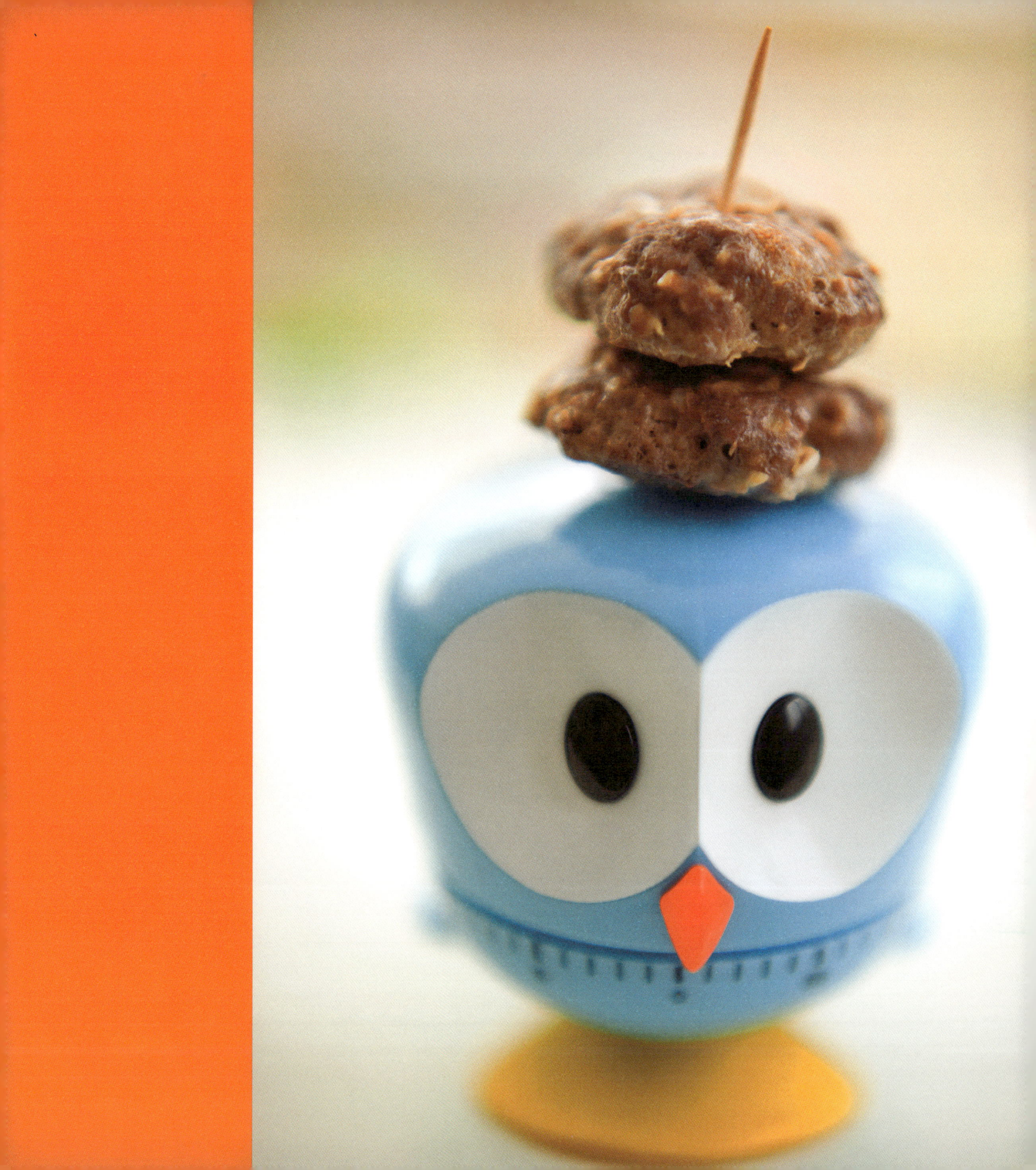

MINI-HAMBÚRGUERES

Aqui, o hambúrguer vai sem pão! Procure uma receita para acompanhar.

INGREDIENTES

- **4** colheres (sopa) de aveia em flocos
- **1/4** de xícara de leite
- **500 g** de carne moída (patinho ou alcatra)
- **1** colher (chá) de sal
- **2** colheres (sopa) de cebola ralada
- **2** colheres (chá) de mostarda
- **1** ovo
- óleo de milho para untar

rendimento:
30 mini-hambúrgueres

MÃOS À OBRA

COMECE PELA AVEIA
Coloque a aveia numa tigela e despeje o leite aos poucos. Misture delicadamente até a aveia absorver todo o líquido. Esse processo vai deixar o hambúrguer mais macio.

MISTURE TODOS OS INGREDIENTES
Junte a aveia, a carne, o sal, a cebola, a mostarda e o ovo e misture muito bem com a ponta dos dedos.

NÃO ESQUEÇA DE ACENDER O FORNO
Ligue e preaqueça o forno em temperatura alta (220°C).

CUIDE DA ASSADEIRA
Unte uma assadeira grande com um pouco de óleo.

MOLDE OS MINI-HAMBÚRGUERES
Forme os mini-hambúrgueres com as mãos levemente untadas de óleo: pegue pequenas porções e "achate" em formato de mini-hambúrguer (de aproximadamente 5 cm de diâmetro). Vá colocando na assadeira.

A CAMINHO DO FORNO E DEPOIS DA MESA
Leve ao forno por aproximadamente 25 minutos ou até os mini-hambúrgueres ficarem dourados. Não deixe passarem do ponto, porque ressecam. Retire do forno e sirva imediatamente.

---

i

SE VOCÊ QUISER SABER COMO UNTAR UMA FÔRMA OU PREAQUECER O FORNO, AS INFORMAÇÕES ESTÃO NO CAPÍTULO *É IMPORTANTE SABER COMO...* NA PÁGINA 31.

1 OVO
2 OVOS
3 OVOS

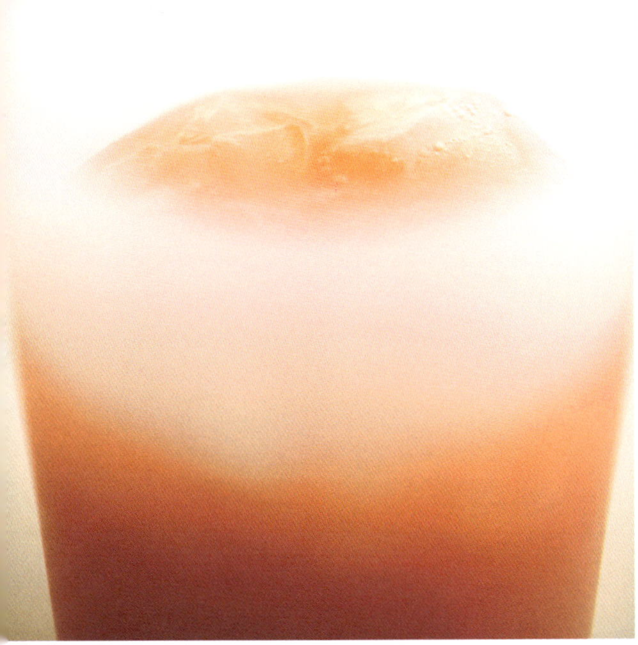
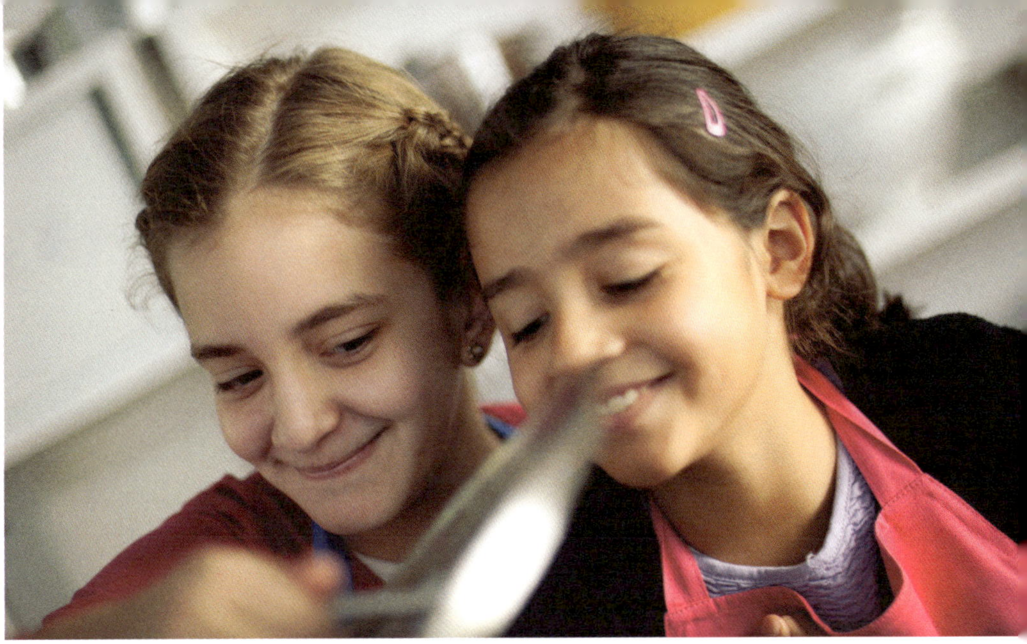
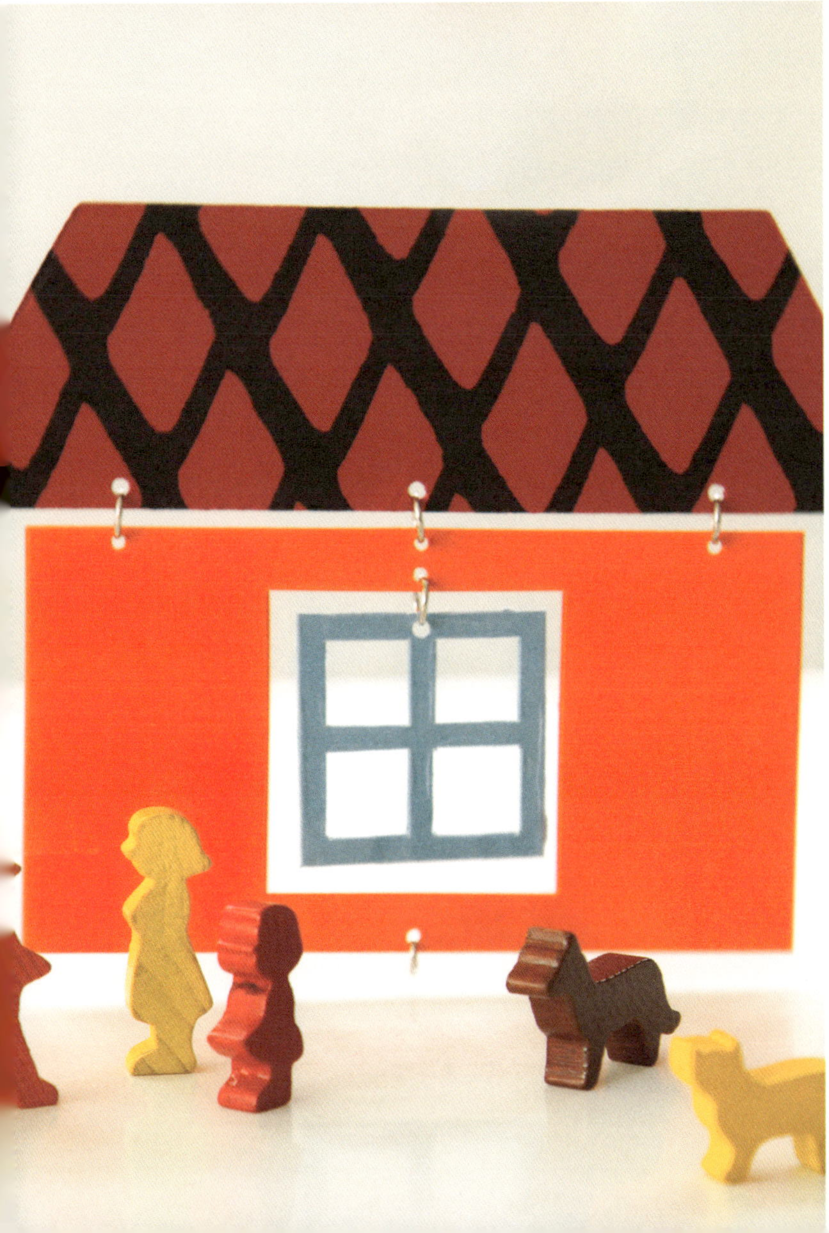
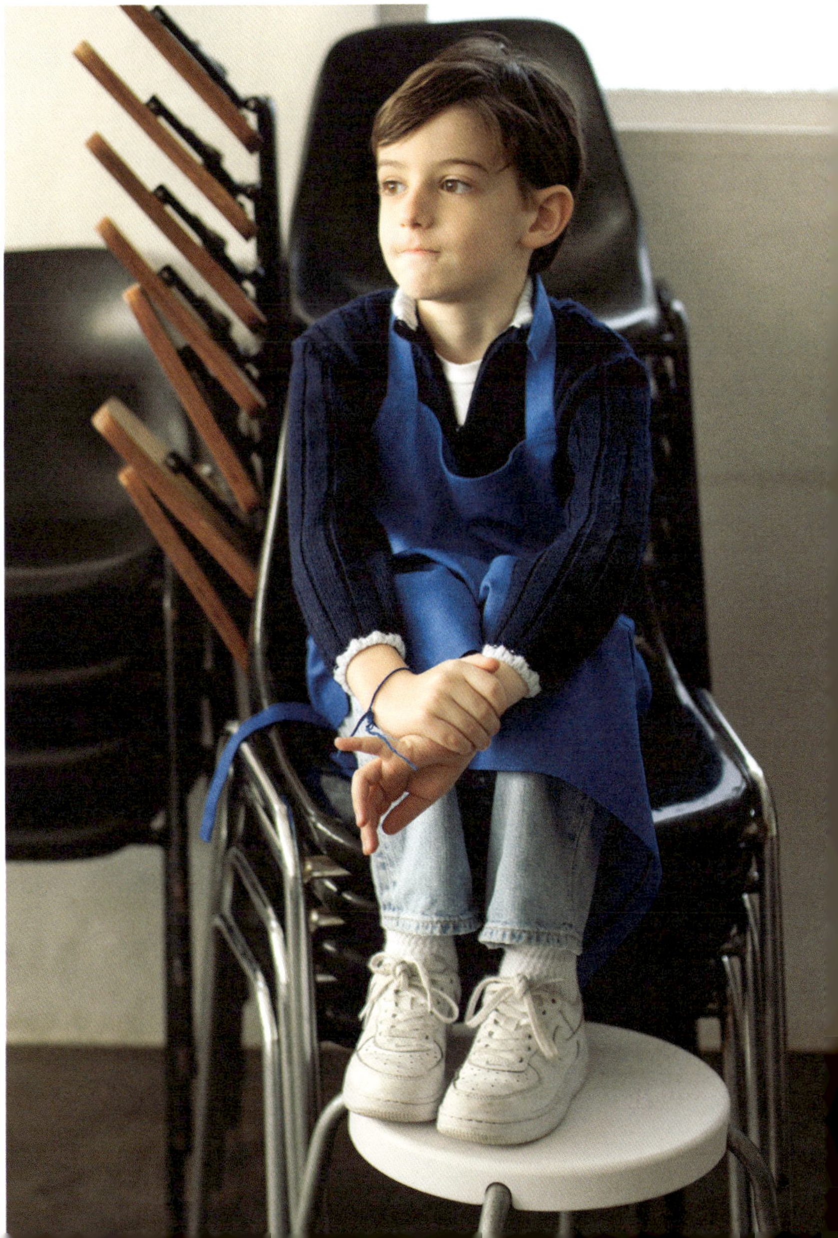

PURÊ DE BATATA

Existem purês e purês... Não só de batata, mas também de abóbora, mandioca, mandioquinha e outros tantos. Os mais gostosos em geral são os mais leves, com mais ar. Para fazer isso, precisamos de muita energia para mexer na fase final do preparo.

INGREDIENTES

500 g	de batata lavada, descascada e cortada em pedaços bem grandes
1	colher (chá) de sal
1/2	xícara de leite aquecido
1 1/2	colher (sopa) de manteiga sem sal

rendimento: 4 a 6 porções

MÃOS À OBRA

PRIMEIRO, COZINHE A BATATA
Coloque numa panela a batata, cubra com água e junte o sal. Cozinhe em fogo moderado até ficar bem macia (aproximadamente 30 minutos). Para saber se a batata está macia, é só espetar com um garfo. Ele deve passar facilmente pela batata. Retire do fogo, coloque um escorredor na pia e escorra a água do cozimento.

HORA DE ESPREMER A BATATA
Esprema a batata ainda morna em pequenas porções num espremedor de batata.

DE VOLTA AO FOGO
Depois coloque tudo de volta na panela e leve ao fogo baixo, mexendo com uma colher de pau, até que a massa de batata seque um pouco. Sempre em fogo baixo, comece a juntar o leite batendo com força, até o purê ficar bem leve e homogêneo.

O TOQUE FINAL
Retire do fogo, coloque a manteiga e prove o sal. Sirva imediatamente. Se for comer o purê mais tarde, esquente antes de servir: junte mais um pouquinho de leite e misture bem, batendo de novo.

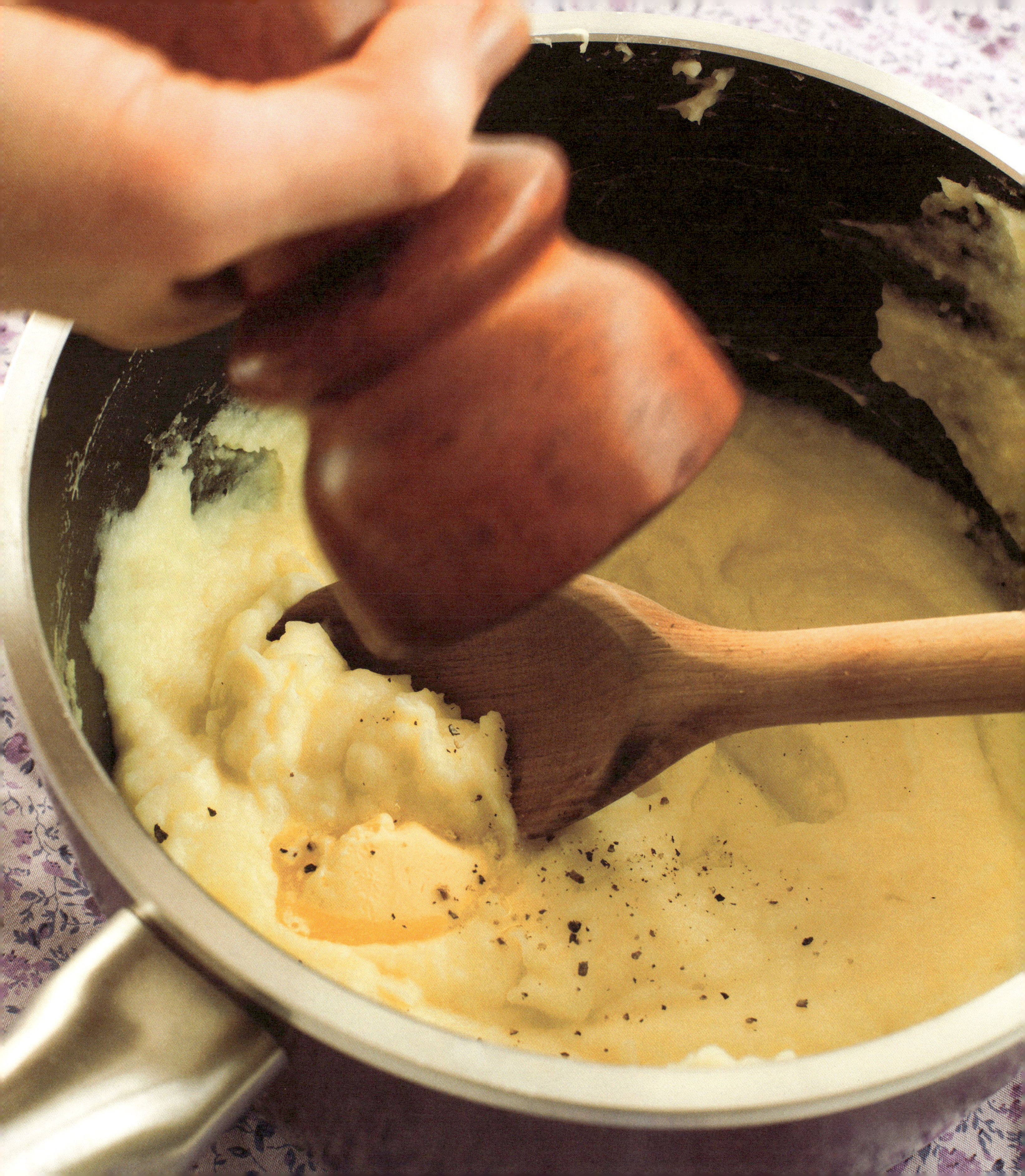

ARROZ DE FORNO

Já ouviu falar em aproveitar as sobras? Comece pegando o arroz que está guardado na geladeira, o molho de tomate que sobrou e a partir daí siga a receita!

INGREDIENTES

- 4 xícaras de arroz cozido (pode ser branco ou integral)
- 2 colheres (sopa) de manteiga sem sal em temperatura ambiente
- 1 xícara de molho de tomate (que tem na sua casa ou faça a receita da p. 92)
- 1 xícara de grão-de-bico cozido (você pode comprar pronto, enlatado ou embalado à vácuo)
- 1 xícara de ervilha congelada (deixe descongelar antes de usar)
- 1/2 xícara de presunto cortado em cubos (ou peito de peru ou lascas de frango cozido ou assado)
- 2 ovos cozidos picados
- 4 colheres (sopa) de queijo parmesão ralado
- 4 colheres (sopa) de folhas de salsinha lavadas e picadas (com tesoura)
- manteiga sem sal para untar
- queijo parmesão ralado para polvilhar

rendimento: 4 porções

MÃOS À OBRA

PRIMEIRO, ACENDA O FORNO
Ligue e preaqueça o forno em temperatura alta (220°C).

DEPOIS, MISTURE O ARROZ E OS LEGUMES
Misture numa tigela grande o arroz com a manteiga e o molho de tomate. Acrescente o grão-de-bico, a ervilha, o presunto, os ovos, o queijo e a salsinha.

CUIDE DA FÔRMA
Unte levemente uma fôrma refratária com um pouco de manteiga. Espalhe a mistura de arroz na fôrma e, se quiser, polvilhe um pouco mais de queijo por cima.

HORA DE IR AO FORNO E DEPOIS COMER
Leve ao forno por aproximadamente 25 minutos até aquecer bem e dourar o queijo. Retire do forno e sirva imediatamente.

SE VOCÊ QUISER SABER O QUE É MANTEIGA EM TEMPERATURA AMBIENTE, COMO LAVAR OS ALIMENTOS, COZINHAR OVOS, UNTAR UMA FÔRMA OU PREAQUECER O FORNO, AS INFORMAÇÕES ESTÃO NO CAPÍTULO *É IMPORTANTE SABER COMO...* NA PÁGINA 31.

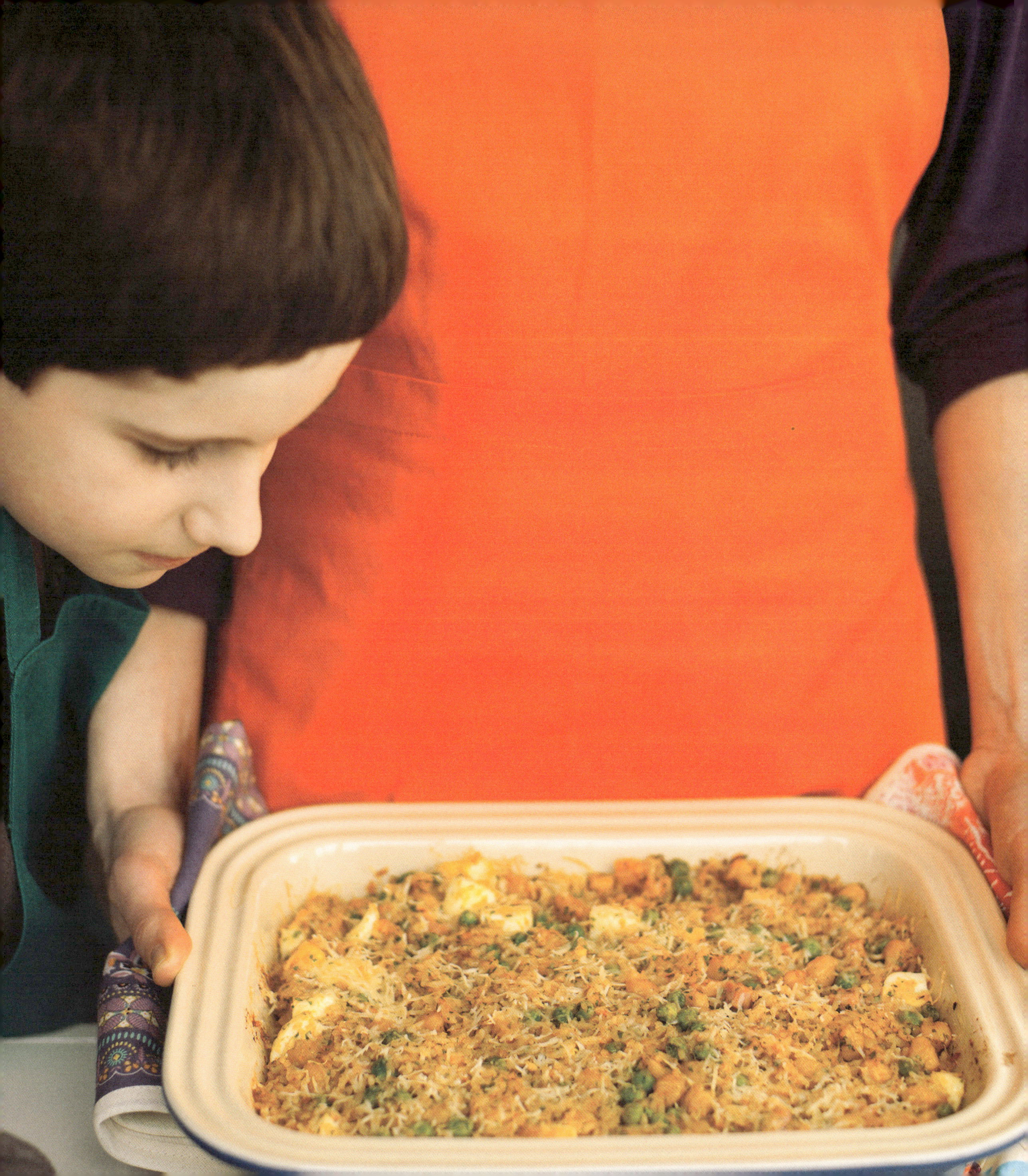

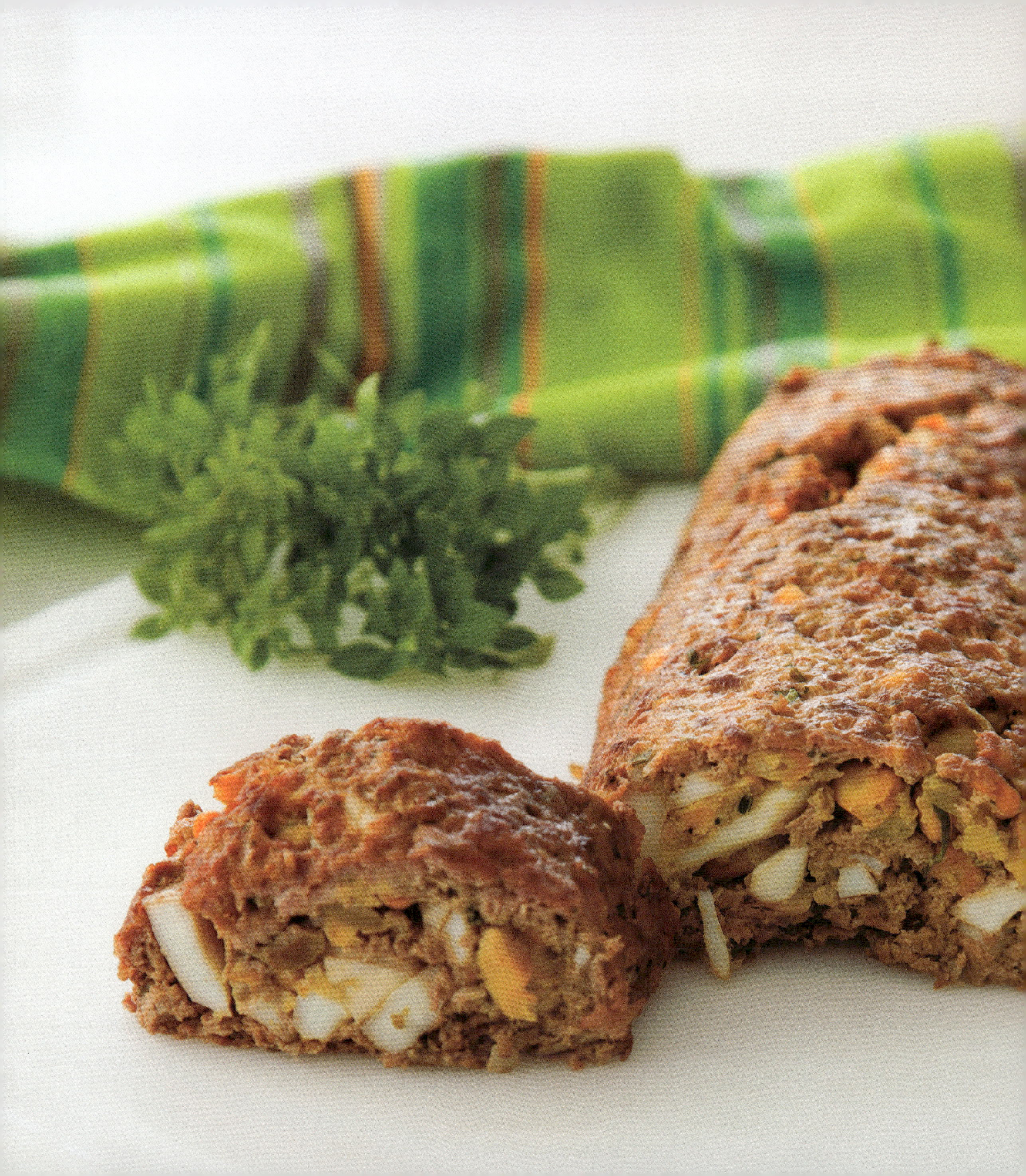

ROCAMBOLE DE CARNE RECHEADO

Você pode fazer outro recheio. Experimente colocar peito de peru, ervilha e uma colherinha de molho de tomate ou quem sabe queijo e presunto. Pense nas combinações que mais lhe agradam e faça as suas próprias experiências.

INGREDIENTES

ROCAMBOLE

- 2 fatias de pão de fôrma
- 1/2 xícara de leite
- 500 g de carne moída (patinho ou alcatra)
- 1 cebola pequena picada
- 2 colheres (sopa) de mostarda
- 3 colheres (sopa) de catchup
- 1/2 colher (chá) de orégano seco
- 1 colher (sopa) de folhas de salsinha lavadas e picadas (com tesoura)
- 1 colher (chá) de molho inglês
- 1 ovo
- 3/4 de colher (chá) de sal (ou a gosto)
- 1 colher (sopa) de manteiga sem sal para pincelar

RECHEIO

- 3 ovos cozidos picados
- 1 colher (sopa) de mostarda
- 1 lata de milho verde em conserva escorrido (ou **200 g** de milho verde congelado)
- 1 colher (sopa) de cebolinha-verde lavada e picada (com tesoura)

rendimento: 4 a 6 porções

MÃOS À OBRA

PRIMEIRO, CUIDE DO PÃO
Pique o pão com as mãos numa tigelinha e regue com o leite. O pão ficará molinho e dará uma textura macia ao rocambole.

DEPOIS, MISTURE OS INGREDIENTES COM A CARNE
Misture numa tigela grande a carne moída, o pão embebido no leite, a cebola, a mostarda, o catchup, o orégano, a salsinha, o molho inglês, o ovo e o sal. Mexa bem até que fique misturado por igual.

ESPALHE A CARNE SOBRE O PAPEL-ALUMÍNIO
Coloque sobre a mesa uma folha de papel-alumínio de aproximadamente 40 cm de largura. Espalhe sobre ela a carne, formando um retângulo de mais ou menos 1 cm de altura.

NÃO ESQUEÇA DE ACENDER O FORNO
Ligue e preaqueça o forno em temperatura alta (220°C).

AGORA FAÇA O RECHEIO
Misture em outra tigela os ovos com a mostarda, o milho e a cebolinha e espalhe sobre a massa de carne.

HORA DE ENROLAR O ROCAMBOLE
Comece a enrolar o rocambole como se fosse um tapete. Assim que fizer a primeira dobra, vá suspendendo a folha de alumínio, e o rocambole se enrolará sozinho. Com o rocambole ainda sobre o papel, transfira-o para a fôrma. Retire então o papel-alumínio, deixando o rocambole rolar para dentro da fôrma.

A CAMINHO DO FORNO E DEPOIS DA MESA
Derreta a manteiga no micro-ondas ou numa panela pequena e espalhe sobre a massa usando um pincel. Isso vai dar um brilho à superfície do rocambole e fará com que ele fique dourado depois de assado. Leve ao forno e asse por aproximadamente 40 minutos. Retire do forno, corte o rocambole em fatias e sirva imediatamente.

VAMOS PRA COZINHA?
85

i
SE VOCÊ QUISER SABER COMO LAVAR OS ALIMENTOS, COZINHAR OVOS OU PREAQUECER O FORNO, AS INFORMAÇÕES ESTÃO NO CAPÍTULO *É IMPORTANTE SABER COMO...* NA PÁGINA 31.

LEMBRANÇA DO SENHO
LEMBRANÇA DO
HOR DO BONFIM
DA BAHIA
BONFIM
DA BAHIA

TORTA DE PALMITO PUPUNHA

Uma receita clássica com ingrediente brasileiro: o palmito pupunha!

INGREDIENTES

MASSA

- 1 xícara de amido de milho
- 1 xícara de farinha de trigo
- 1 pitada de sal
- 3 1/2 colheres (sopa) de manteiga sem sal em temperatura ambiente
- 1/2 xícara de leite
- farinha de trigo para enfarinhar
- 1 gema desmanchada em 1 colher (chá) de água (ou leite) para pincelar

rendimento:
8 a 10 porções

RECHEIO

- 2 colheres (sopa) de manteiga sem sal
- 1 colher (sopa) de cebola bem picada
- 1 colher (sopa) de farinha de trigo
- 1 xícara de leite
- 1 colher (chá) de sal
- 1 pitada de pimenta-do-reino (se quiser)
- 1 vidro grande de palmito pupunha (ou palmito orgânico) fervido, escorrido e cortado em rodelas
- 1 colher (sopa) de folhas de salsinha lavadas e bem picadas (com tesoura)
- 1 colher (sopa) de lascas de azeitona verde sem caroço

MÃOS À OBRA

COMECE PELA MASSA

Coloque uma peneira sobre uma tigela. Passe pela peneira o amido de milho, a farinha e o sal. Acrescente a manteiga e amasse com a ponta dos dedos até que a manteiga se misture bem à massa. Junte o leite e vá amassando com as mãos. Forme uma bola de massa. Embale com filme plástico e leve à geladeira por pelo menos 30 minutos para descansar (a massa, não você!).

DEPOIS, FAÇA O RECHEIO

Coloque numa panela a manteiga e leve ao fogo baixo para derreter. Junte a cebola e refogue um pouquinho, até que ela fique transparente. Acrescente a farinha de uma vez só e mexa bem até formar uma espécie de massinha. Deixe no fogo por 1 minuto até que fique bem aquecida e borbulhante.

CUIDADO PARA NÃO EMPELOTAR!

Retire do fogo e misture o leite aos poucos, mexendo sempre para não empelotar (isso quer dizer: não formar bolinhas no meio da massa). Coloque o sal e, se quiser, a pimenta. Leve de volta ao fogo, mexendo até ferver e engrossar. Retire do fogo e junte o palmito, a salsinha e a azeitona. Prove e, se necessário, coloque mais sal e pimenta.

NÃO ESQUEÇA DE ACENDER O FORNO

Ligue e preaqueça o forno em temperatura média (200°C).

HORA DE ABRIR A MASSA

Abra a massa numa bancada ligeiramente enfarinhada usando um rolo também enfarinhado.

TRANSFIRA A MASSA PARA A FÔRMA

Quando a massa estiver numa espessura fina, enrole em volta do rolo e coloque delicadamente dentro de uma fôrma de fundo falso (ou de abrir) de aproximadamente 25 cm de diâmetro. Acomode a massa no fundo e nas laterais da fôrma. Não se preocupe se ela não ficar certinha, vale recortar de um lugar onde sobrou massa e colocar onde faltou. Depois de assada e coberta, ninguém verá o remendo. Coloque o recheio de palmito.

AGORA, FAÇA AS TIRINHAS

Recorte as bordas da massa na altura do recheio com uma faca sem ponta. Junte essas sobras de massa e forme uma bola novamente. Abra com um rolo e corte tirinhas do tamanho da fôrma usando um cortador de massa ou de pizza. Arrume as tirinhas sobre o recheio, fazendo assim o acabamento da torta. Você pode cruzá-las ou, se preferir, entrelaçá-las ou decorar de outro jeito que quiser. Pincele as tirinhas com a gema dissolvida para dar a elas um tom mais dourado depois de assadas.

HORA DA TORTA FICAR DOURADA

Leve ao forno por aproximadamente 30 minutos ou até a torta ficar dourada.

EXPERIMENTE ESSA DELÍCIA

Retire do forno, passe uma faca pelas bordas, solte o aro e transfira para um prato de servir, retirando com cuidado o fundo da fôrma. Sirva imediatamente.

ⓘ SE VOCÊ QUISER SABER O QUE É UMA PITADA E MANTEIGA EM TEMPERATURA AMBIENTE, COMO LAVAR OS ALIMENTOS, SEPARAR A CLARA DA GEMA OU PREAQUECER O FORNO, AS INFORMAÇÕES ESTÃO NO CAPÍTULO É IMPORTANTE SABER COMO... *NA PÁGINA 31.*

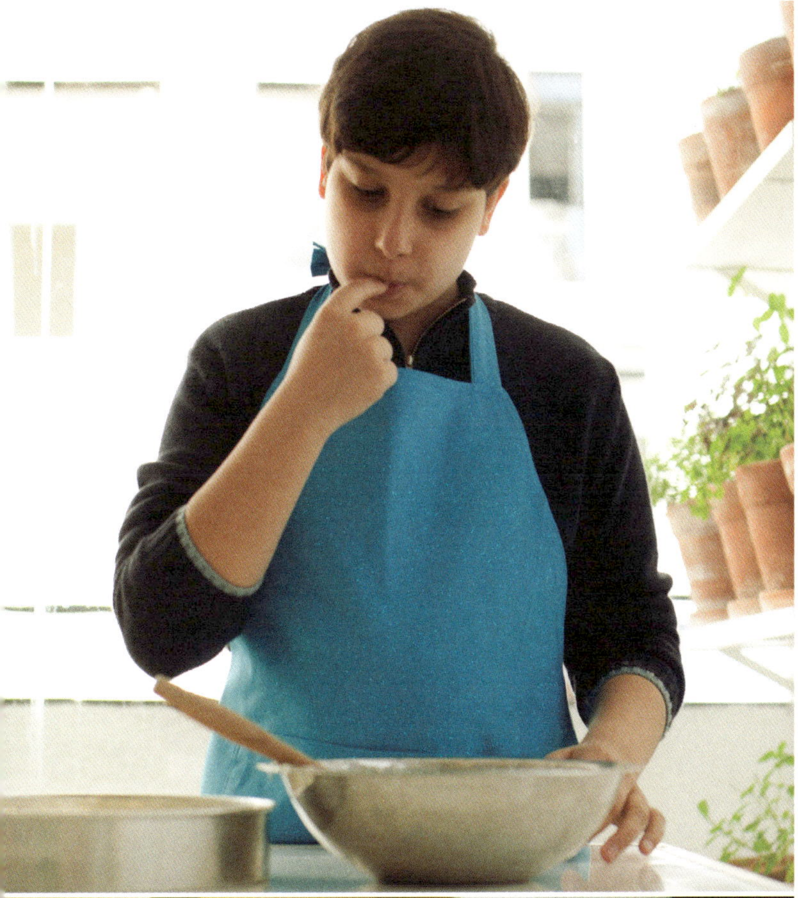
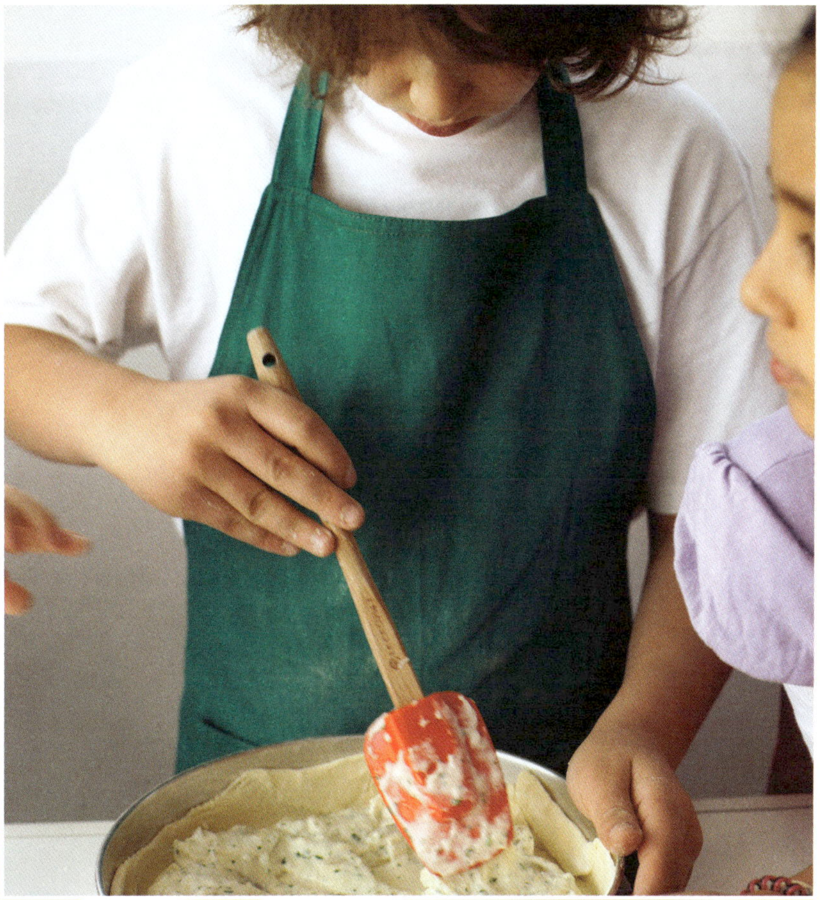
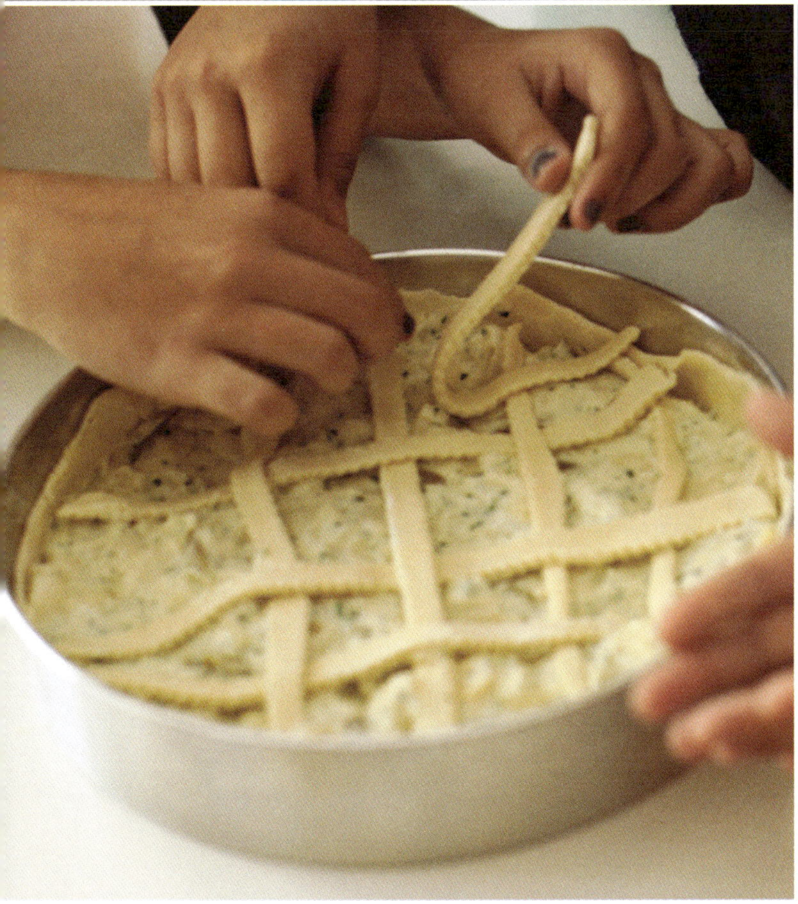
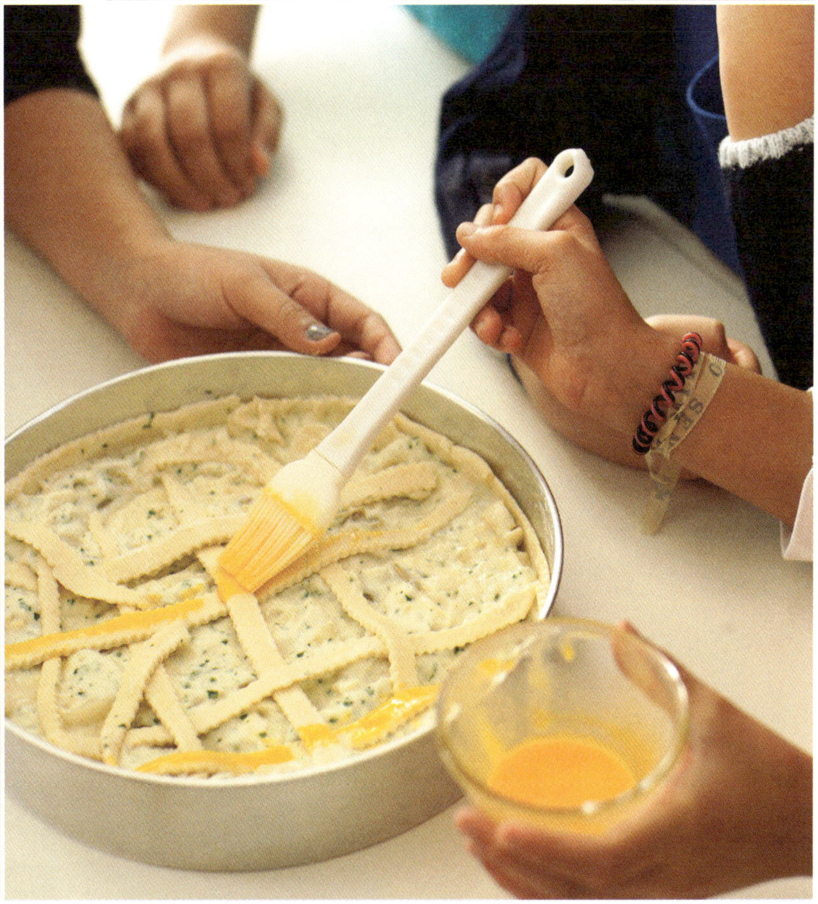

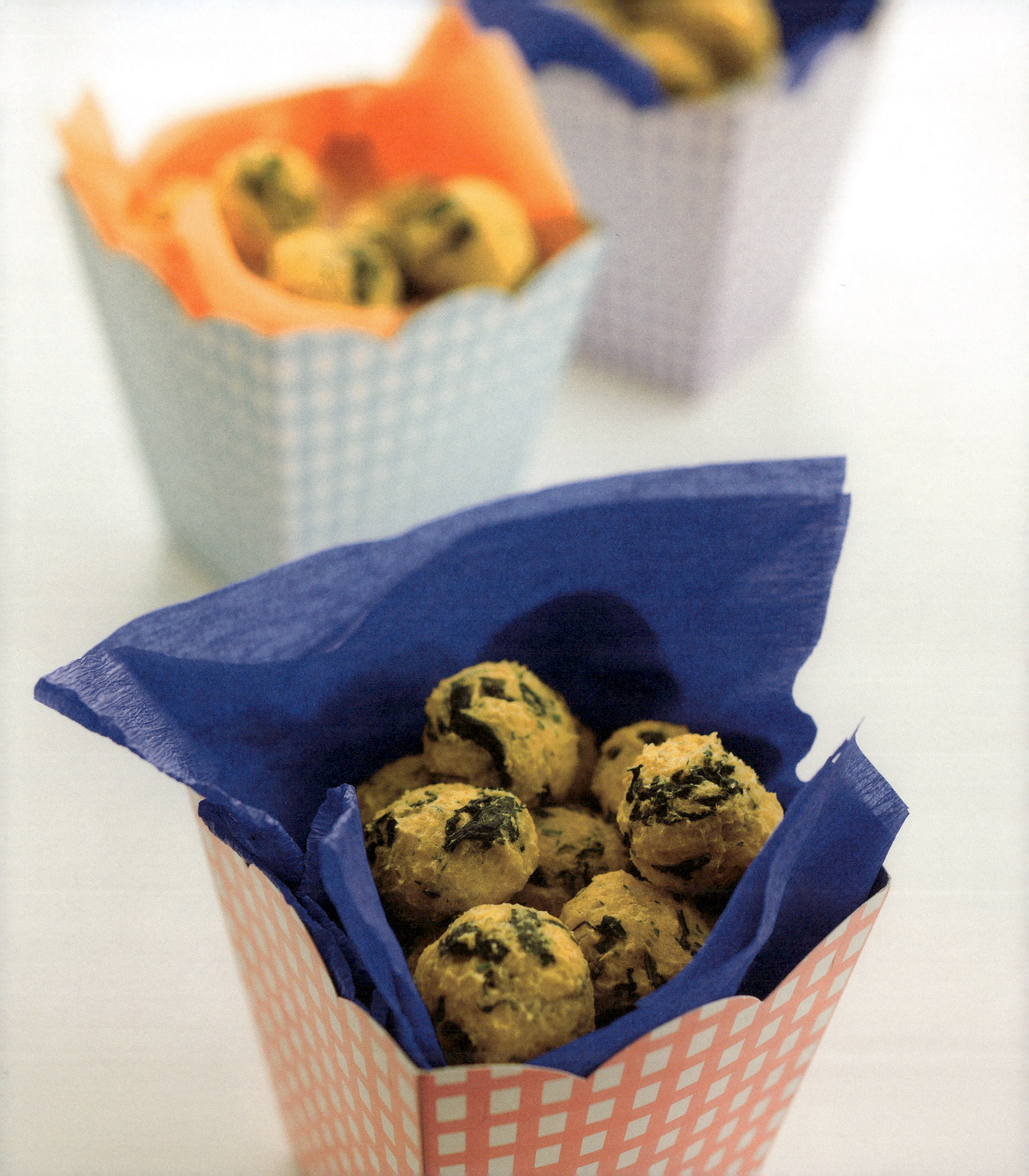

BOLINHOS DE MANDIOQUINHA COM ESPINAFRE

Estas deliciosas bolinhas feitas com mandioquinha e espinafre são para comer na hora que quiser.

INGREDIENTES

- **1/2** maço de espinafre (use somente as folhas e muito bem lavadas)
- **400 g** de mandioquinha
- **1/2** colher (sopa) de sal
- **1** pitada de pimenta-do-reino (se quiser)
- **1** colher (sopa) de folhas de salsinha lavadas e picadas (com tesoura)
- **2** colheres (sopa) de queijo parmesão ralado
- **1** ovo
- **1** colher (sopa) de farinha de trigo
- manteiga sem sal para untar

rendimento: 4 a 6 porções

MÃOS À OBRA

COMECE PELO ESPINAFRE
Coloque numa panela as folhas de espinafre, tampe e leve ao fogo baixo por aproximadamente 5 minutos ou até que murchem bem. As folhas de espinafre soltam tanta água que não é necessário usar água nesse cozimento. Retire do fogo e deixe esfriar. Coloque o espinafre num escorredor na pia e aperte bem com as mãos para tirar toda a água que sobrou. O volume diminui muito, é assim mesmo!

DEPOIS, COZINHE A MANDIOQUINHA
Descasque a mandioquinha e corte em pedaços grandes. Coloque numa panela, cubra com água e junte o sal. Leve ao fogo e cozinhe até que fique macia. Para testar, é só espetar um pedaço com um garfo. Ele deve passar facilmente pela mandioquinha. Escorra e espere amornar um pouco. Esprema pequenas porções num espremedor de batata. Prove e, se precisar, coloque mais sal e, se quiser, a pimenta. Deixe esfriar completamente.

NÃO ESQUEÇA DE UNTAR A ASSADEIRA E ACENDER O FORNO
Unte uma assadeira ou fôrma refratária com um pouco de manteiga. Ligue e preaqueça o forno em temperatura alta (220°C).

JUNTE OS INGREDIENTES
Misture numa tigela a mandioquinha amassada, o espinafre, a salsinha, o queijo, o ovo e a farinha.

FORME E ASSE OS BOLINHOS
Forme bolinhos ou croquetes e distribua pela assadeira. Leve a assadeira ao forno e asse por 20 a 25 minutos ou até que os bolinhos fiquem dourados.

UMA DELÍCIA EM TODAS AS OCASIÕES
Retire do forno e sirva imediatamente.

VAMOS PRA COZINHA? **91**

i

SE VOCÊ QUISER SABER O QUE É UMA PITADA, COMO LAVAR OS ALIMENTOS, PREAQUECER O FORNO OU UNTAR UMA FÔRMA, AS INFORMAÇÕES ESTÃO NO CAPÍTULO *É IMPORTANTE SABER COMO...* NA PÁGINA 31.

NHOQUE DE BATATA COM MOLHO DE TOMATE ASSADO

Fazer nhoque é muito gostoso. Reúna a família, cada um pode se encarregar de uma parte. Nosso nhoque é acompanhado de um molho de tomate diferente. Feito todo no forno. Você também pode usar esse molho em outros pratos, como o arroz de forno, por exemplo.

INGREDIENTES

MOLHO DE TOMATE

- 6 tomates maduros mas firmes lavados
- 1 cebola média
- 6 colheres (sopa) de azeite de oliva (de preferência, extravirgem, porque é mais saboroso)
- 1 pitada de açúcar
- 1/2 colher (chá) de vinagre de vinho tinto (ou branco)
- 1/2 colher (chá) de sal (ou a gosto)
- 1 pitada de pimenta-do-reino (se quiser)
- 1 colher (sopa) de folhas de manjericão lavadas (Se forem pequenas, deixe-as inteiras. Se forem grandes, rasgue-as com as mãos.)

rendimento: 6 porções

NHOQUE

- 1 kg de batata sem casca (de preferência, do tipo Asterix)
- 1 3/4 xícara de farinha de trigo
- 2 gemas
- 3 colheres (chá) de sal
- • farinha de trigo para enfarinhar
- • óleo de milho ou azeite de oliva

MÃOS À OBRA

COMECE ACENDENDO O FORNO

Ligue e preaqueça o forno em temperatura baixa (180°C).

DEPOIS, CUIDE DO TOMATE E DA CEBOLA

Corte os tomates ao meio, retire as sementes e as partes duras. Corte a cebola ao meio e cada metade ao meio novamente. Misture numa tigela a cebola, o tomate, o azeite e o açúcar. Coloque numa assadeira (os tomates com o lado cortado para baixo).

VAMOS PRA COZINHA?
92

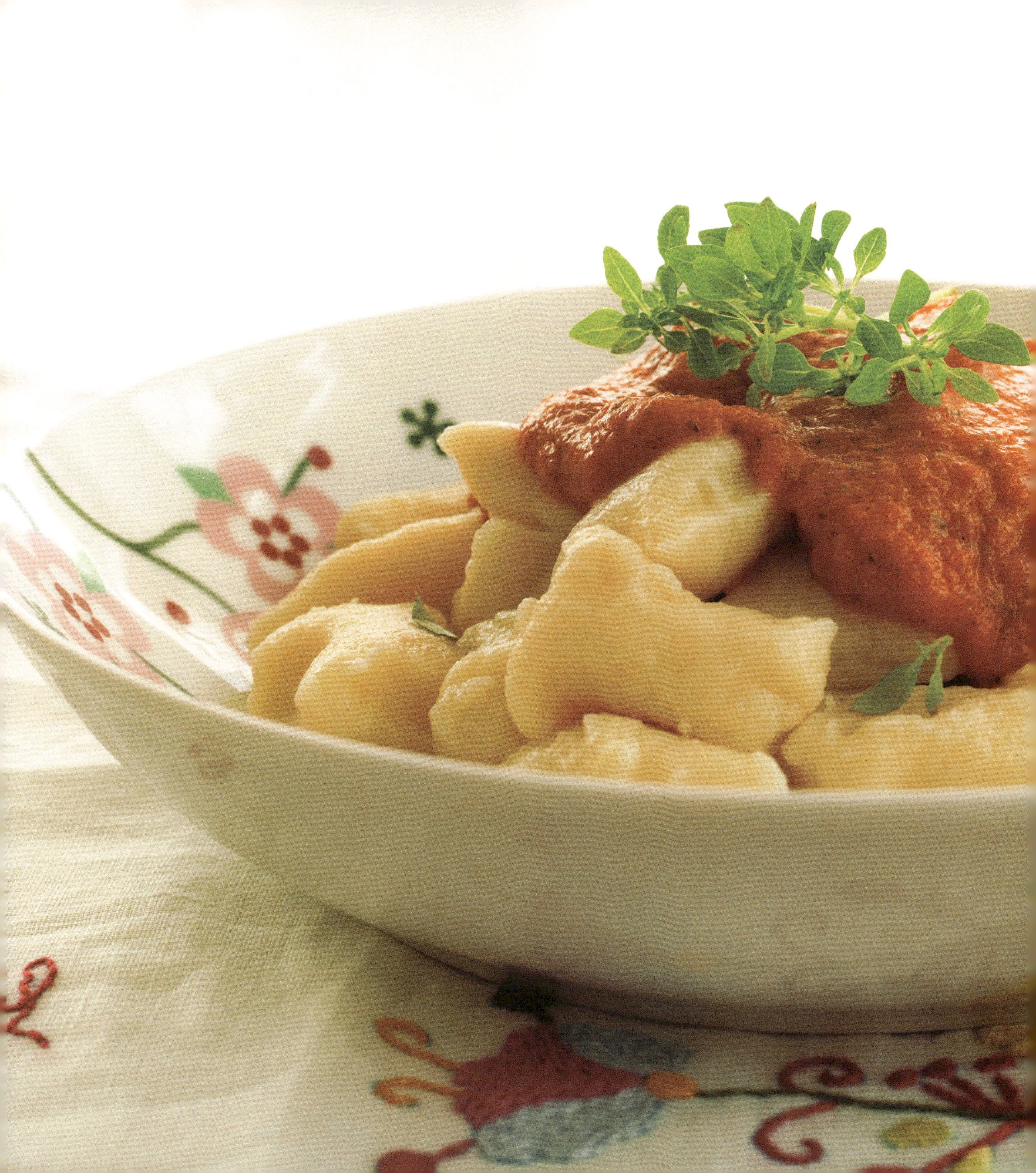

HORA DE IR AO FORNO

Leve ao forno por 1 hora ou até que os tomates fiquem bem moles e as cebolas estejam ligeiramente douradas. Bata todo o conteúdo da assadeira no processador de alimentos (ou liquidificador) junto com o vinagre. Tempere com o sal e, se quiser, com a pimenta. Coloque o molho numa tigela e salpique com folhinhas de manjericão.

ENQUANTO O TOMATE ASSA, COZINHE A BATATA

Coloque a batata numa panela, cubra com água e cozinhe até ficar bem macia. Para testar, é só espetar um garfo. Ele deve passar facilmente pela batata.

ESPREMA AS BATATAS

Retire a batata do fogo, coloque um escorredor na pia e escorra a água do cozimento. Passe a batata ainda morna pelo espremedor e coloque numa tigela grande.

AGORA, FAÇA O NHOQUE

Junte a farinha e as gemas, misturando bem com a ponta dos dedos. Adicione o sal e continue amassando até formar uma massa. Divida a massa em pequenas bolas que caibam na sua mão. Coloque um pouco de farinha sobre uma bancada. Enrole cada bola com as suas mãos formando cobrinhas de 30 cm de comprimento por 2 cm de largura. Corte em pedaços de 1 cm.

COZINHE O NHOQUE

Leve ao fogo uma panela com água e sal. Quando ferver, vá colocando pequenas porções de nhoque para cozinhar. Quando os nhoques começarem a subir, eles estarão prontos. Retire com uma escumadeira ou peneira (para escorrer a água) e arrume numa travessa. Pingue gotas de óleo ou azeite para que não grudem uns ao outros enquanto você retira todos os nhoques da panela.

EXPERIMENTE, É MUITO GOSTOSO!

Coloque o molho de tomate assado aquecido (ou o molho que você costuma fazer em sua casa) sobre o nhoque. Não se esqueça de salpicar com folhinhas de manjericão. Sirva imediatamente.

SE VOCÊ QUISER SABER O QUE É UMA PITADA, COMO LAVAR OS ALIMENTOS, SEPARAR A CLARA DA GEMA OU PREAQUECER O FORNO, AS INFORMAÇÕES ESTÃO NO CAPÍTULO *É IMPORTANTE SABER COMO...* NA PÁGINA 31.

ROLINHO DE PEIXE COM CREME DE ESPINAFRE GRATINADO

Rocambole de peixe... já ouviu falar? O que chama a atenção neste preparo é o molho cremoso combinado com o crocante da cobertura!

INGREDIENTES

MOLHO

- **1** maço de espinafre grande (use somente as folhas e muito bem lavadas)
- **1** xícara de leite
- **1 1/2** colher (sopa) de manteiga sem sal
- **2** colheres (sopa) de cebola bem picada
- **1 1/2** colher (sopa) de farinha de trigo
- **1** colher (chá) de sal

FILÉS DE PEIXE

- **6** filés de linguado (aproximadamente **150 g** cada)
- **1** pitada de pimenta-do-reino (se quiser)
- sal para polvilhar nos dois lados de cada filé
- manteiga sem sal para untar

rendimento: 4 a 6 porções

COBERTURA

- **3** colheres (sopa) de farinha de rosca
- **2** colheres (chá) de azeite de oliva
- **1** pitada de sal
- **1** pitada de pimenta-do-reino (se quiser)

MÃOS À OBRA

COMECE PELO ESPINAFRE

Coloque numa panela as folhas de espinafre, tampe e leve ao fogo baixo por aproximadamente 5 minutos ou até que murchem bem. As folhas de espinafre soltam tanta água que não é necessário usar água nesse cozimento. Deixe esfriar. Coloque o espinafre num escorredor na pia e aperte bem com as mãos para tirar toda a água que sobrou. O volume diminui muito, é assim mesmo!

VAMOS PRA COZINHA?
95

ⓘ

SE VOCÊ QUISER SABER O QUE É UMA PITADA, COMO LAVAR OS ALIMENTOS, PREAQUECER O FORNO OU UNTAR UMA FÔRMA, AS INFORMAÇÕES ESTÃO NO CAPÍTULO *É IMPORTANTE SABER COMO...* NA PÁGINA 31.

AGORA, FAÇA O MOLHO

Junte o leite e o espinafre no copo do liquidificador e bata até ficar verde. Coloque numa panela a manteiga e leve ao fogo baixo para derreter. Junte a cebola e refogue um pouquinho, até que ela fique transparente. Acrescente a farinha de uma vez só e mexa bem até formar uma espécie de massinha. Deixe no fogo por 1 minuto até que ela fique bem aquecida e borbulhante. Retire a panela do fogo e apoie num pano ou num aparador de panela.

JUNTE O LEITE

Junte um pouco do leite batido com espinafre, mexendo sempre. Quando o leite tiver sido absorvido, coloque mais um pouquinho e mexa novamente. Faça assim até o molho ficar bem líquido. Nessa hora, você já pode colocar o leite de uma vez só, porque não haverá perigo de que se formem bolinhas. Coloque o sal e leve a panela ao fogo novamente, mexendo até ferver e engrossar. Retire do fogo.

CUIDE DO PEIXE

Lave e seque bem os filés de peixe. Tempere os dois lados do filé com sal e, se quiser, com pimenta. Se você achar os filés muito compridos, divida-os ao meio.

NÃO ESQUEÇA DE UNTAR A FÔRMA E ACENDER O FORNO

Unte uma assadeira grande com um pouco de manteiga e ligue e preaqueça o forno em temperatura alta (220°C).

ENROLE OS FILÉS

Espalhe um pouco do creme de espinafre sobre cada filé e enrole como um rocambole. Coloque numa assadeira, deixando a ponta do peixe para baixo, para que ele não abra. Espalhe o creme restante por cima dos filés.

FAÇA A COBERTURA

Misture numa tigelinha a farinha de rosca com o azeite. Coloque o sal e, se quiser, a pimenta. Polvilhe essa mistura sobre os rolinhos de peixe.

HORA DE IR AO FORNO E DEPOIS COMER

Leve ao forno e asse por aproximadamente 15 minutos ou até que, ao espetar com um garfo, a carne se solte facilmente. Retire do forno e sirva imediatamente.

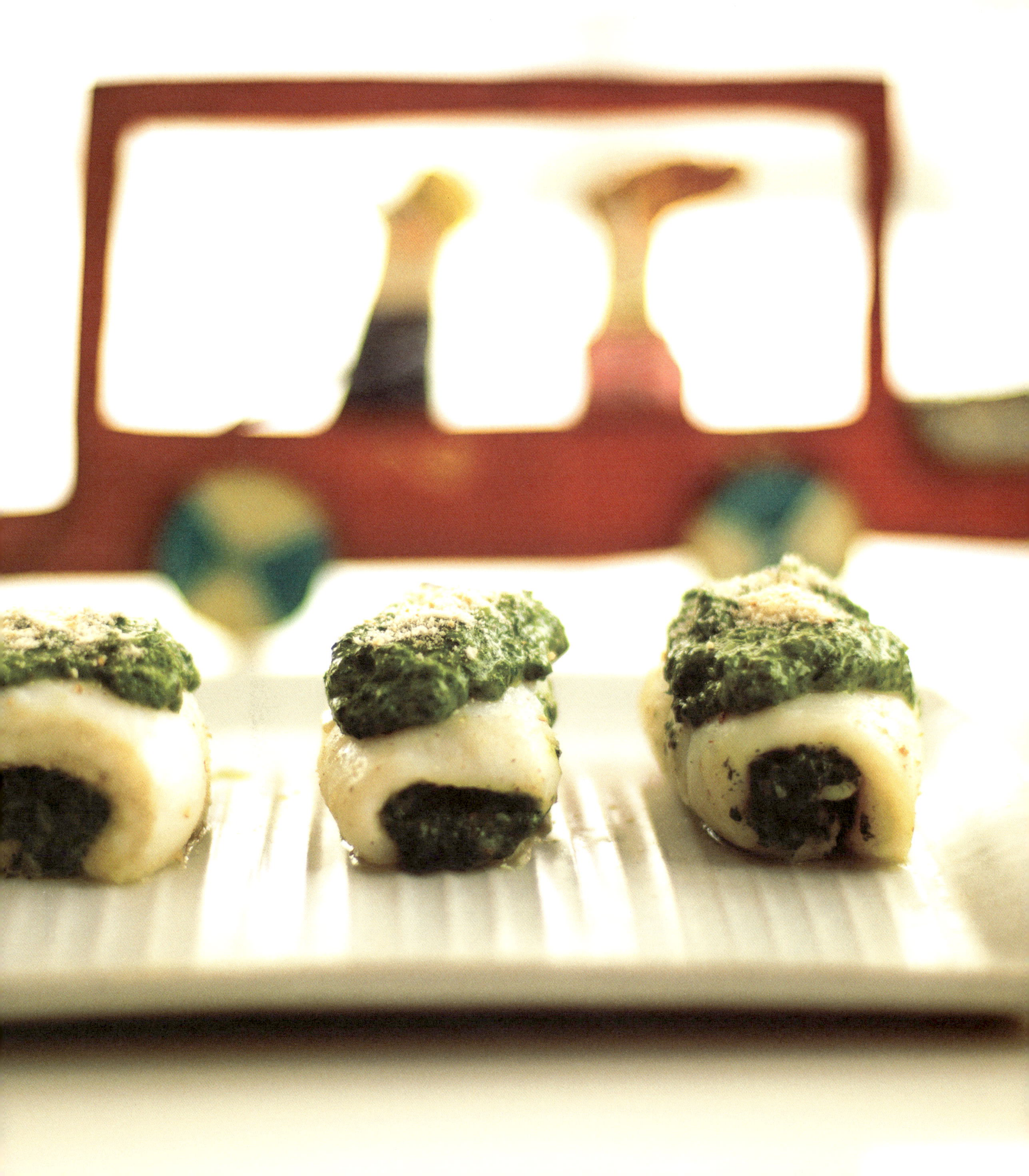

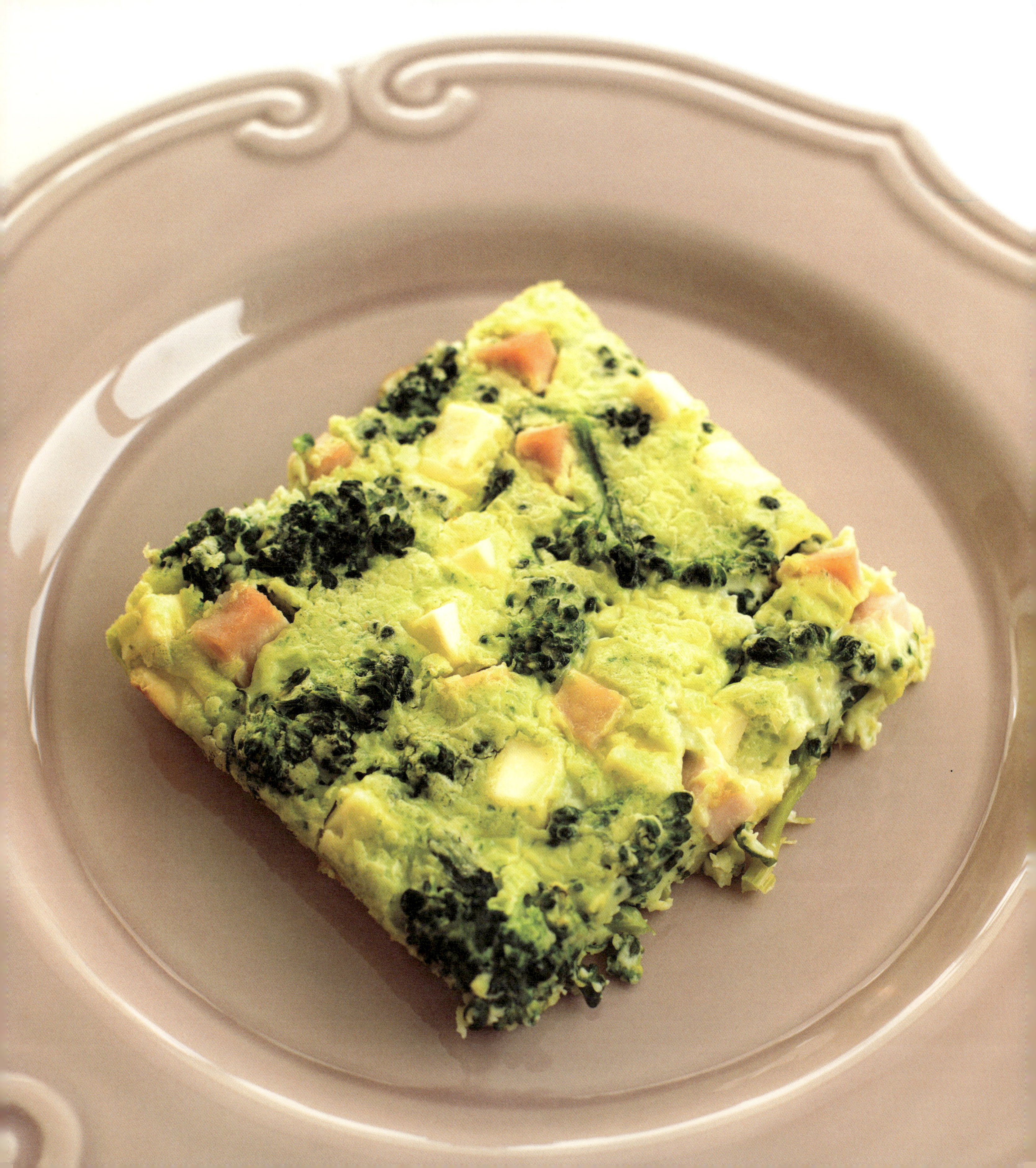

BOLO SALGADO DE QUEIJO DE MINAS, BRÓCOLIS E PEITO DE PERU

Esta receita pode virar muitas outras, é só usar a imaginação! Substitua os brócolis, o queijo e o peito de peru por outros ingredientes e crie o seu bolo salgado personalizado. Que tal frango desfiado, milho e presunto? Ou abobrinha, queijo prato e salsicha? Faça a cada dia um diferente!

INGREDIENTES

- **300 g** de floretes de brócolis lavados (Se preferir, use os congelados. Deixe descongelar em temperatura ambiente ou descongele no micro-ondas antes de usar.)
- **1** pitada + **3/4** de colher (chá) de sal
- **4** ovos
- **3/4** de xícara de farinha de trigo
- **2** colheres (sopa) de azeite de oliva
- **1 1/4** xícara de leite
- **1** pitada de pimenta-do-reino (se quiser)
- **1/2** xícara de cebolinha-verde lavada e picada (com tesoura)
- **3** colheres (sopa) de queijo parmesão ralado
- **100 g** de queijo de minas cortado em cubinhos
- **150 g** de peito de peru cortado em cubinhos
- azeite de oliva para untar

rendimento: 4 a 6 porções

MÃOS À OBRA

PRIMEIRO, CUIDE DOS BRÓCOLIS

Coloque água fria numa tigela e junte cerca de 1 bandeja de gelo. Reserve. Coloque água numa panela e junte 1 pitada de sal. Deixe ferver. Acrescente os floretes de brócolis com cuidado para não espirrar. Cozinhe por cerca de 5 minutos. Para saber se estão prontos, espete um deles com um garfo: ele deve estar cozido mas com uma textura ainda bem crocante. Coloque um escorredor na pia e escorra a água do cozimento. Passe rapidamente os floretes para a tigela com água e gelo. Esse choque térmico manterá os brócolis bem verdes e com todas as suas vitaminas. Essa técnica se chama branqueamento. Deixe ficar na água por 2 ou 3 minutos, até que esfriem bem. Escorra, use ou guarde na geladeira por até 1 dia.

NÃO ESQUEÇA DE ACENDER O FORNO

Ligue e preaqueça o forno em temperatura média (200°C).

DEPOIS, FAÇA A MASSA

Coloque numa tigela os ovos e junte a farinha. Mexa com um batedor de arame ou colher de pau até formar uma massa lisa. Acrescente o azeite e o leite e mexa mais um pouco. Junte 3/4 de colher de chá de sal, a pimenta, se quiser, a cebolinha e o queijo e misture bem. Reserve.

CUIDE DA FÔRMA E JUNTE OS INGREDIENTES

Unte com um pouco de azeite uma fôrma refratária de aproximadamente 25 cm de diâmetro (pode ser também uma assadeira retangular ou quadrada de tamanho médio) e espalhe os brócolis, o queijo de minas e o peito de peru (ou, se você inventou outra receita, espalhe os ingredientes que escolheu no fundo da fôrma). Com cuidado, despeje a massa sobre os ingredientes, distribuindo por igual.

HORA DE ASSAR E COMER

Leve ao forno e asse por aproximadamente 40 minutos ou até que fique bem dourado e firme. Bata na lateral da fôrma com uma colher de pau: a massa deve estar firme, como gelatina pronta. Retire do forno e sirva imediatamente.

VAMOS PRA COZINHA? **99**

i

SE VOCÊ QUISER SABER O QUE É UMA PITADA, COMO LAVAR OS ALIMENTOS, PREAQUECER O FORNO OU UNTAR UMA FÔRMA, AS INFORMAÇÕES ESTÃO NO CAPÍTULO *É IMPORTANTE SABER COMO...* NA PÁGINA 31.

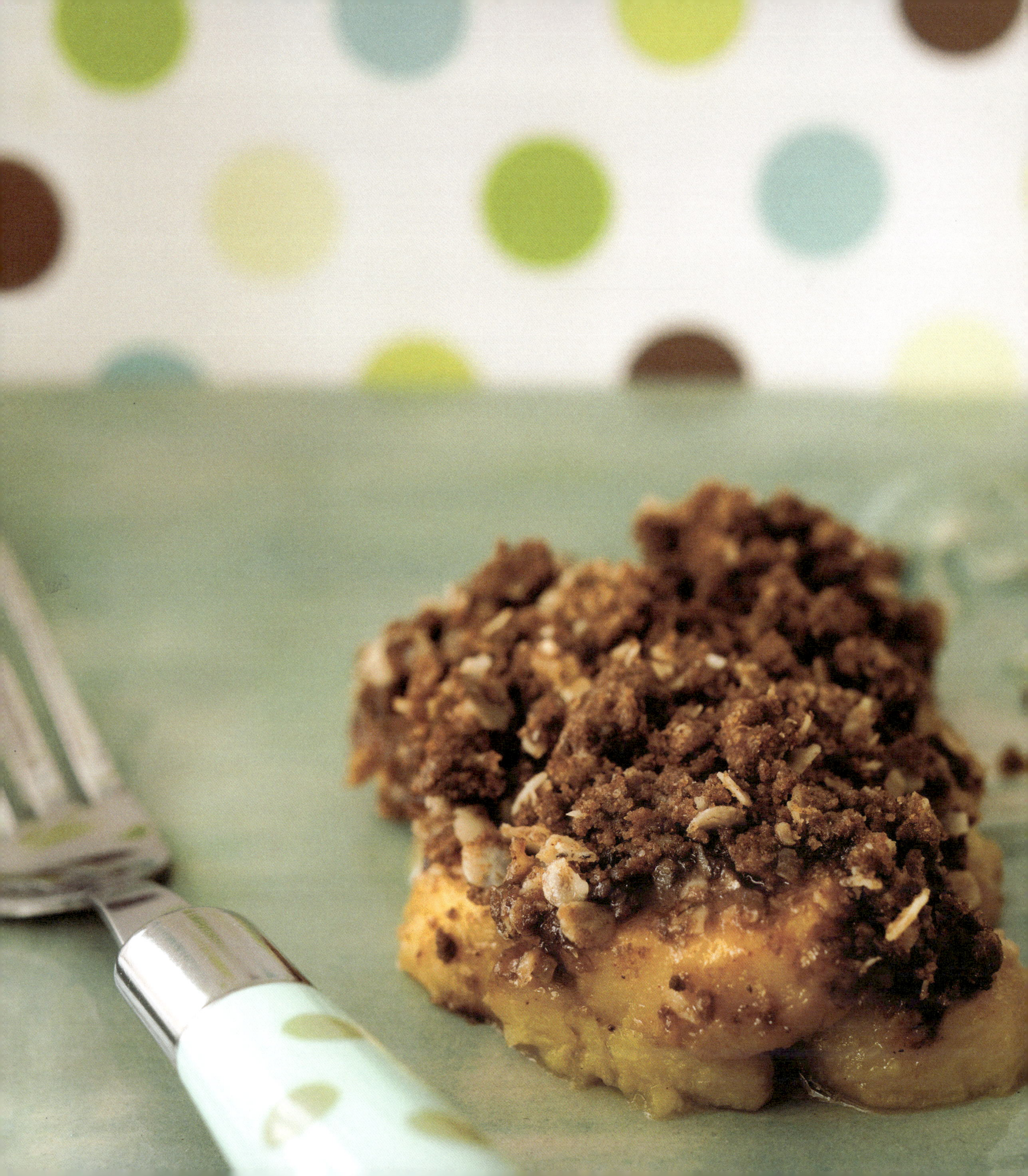

fim

CRUMBLE DE BANANA

Esta sobremesa é composta de uma farofa crocante (ou crumble) e pedaços de fruta. A dica aqui é que você pode trocar a fruta: maçã, pera e pêssego são as nossas sugestões. E as suas?

INGREDIENTES

FAROFA

- 4 colheres (sopa) de farinha de trigo
- 1/2 xícara de açúcar mascavo (medir apertado na xícara)
- 1/4 de xícara de aveia em flocos
- 1/2 colher (chá) de canela em pó
- 1 pitada de noz-moscada moída na hora (para dar um toque de sabor)
- 1/4 de xícara de manteiga sem sal em temperatura ambiente
- 1/4 de xícara de nozes bem picadas
- 1 pitada de sal

FRUTA

- 6 bananas-nanicas (ou bananas-prata) no ponto (nem verdes, nem maduras demais)
- 1 1/2 colher (sopa) de suco de limão
- 1 colher (sopa) de açúcar
- 1 colher (sopa) de açúcar mascavo
- manteiga sem sal para untar

rendimento: 6 porções

MÃOS À OBRA

COMECE PELA FAROFA
Junte numa tigela todos os ingredientes e misture com a ponta dos dedos até formar uma farofa.

DEPOIS, ACENDA O FORNO
Ligue e preaqueça o forno em temperatura alta (220°C).

CUIDE DA BANANA
Descasque as bananas e corte em rodelas. Regue com o suco de limão.

PREPARE A FÔRMA E MONTE A SOBREMESA
Unte uma fôrma refratária média com um pouco de manteiga e espalhe as rodelas de banana. Polvilhe com os dois tipos de açúcar e misture bem. Espalhe a farofa por cima.

HORA DE IR AO FORNO
Leve ao forno por aproximadamente 15 minutos.

CRUMBLE COM SORVETE FICA UMA DELÍCIA!
Retire do forno. O crumble de banana pode ser servido sozinho morno ou frio, ou ainda quente com sorvete de creme.

OBSERVAÇÃO: se você usar uma fruta mais dura que a banana, como a maçã, por exemplo, ela vai precisar de mais tempo no forno. Espete um garfo para saber se a fruta já está bem macia.

VAMOS PRA COZINHA? 101

SE VOCÊ QUISER SABER O QUE É UMA PITADA E MANTEIGA EM TEMPERATURA AMBIENTE, COMO UNTAR UMA FÔRMA OU PREAQUECER O FORNO, AS INFORMAÇÕES ESTÃO NO CAPÍTULO *É IMPORTANTE SABER COMO...* NA PÁGINA 31.

BROWNIE

Para quem gosta de chocolate, esta receita é tão fácil e tão boa que dispensa comentários. Ah... só um: este bolo é ainda mais gostoso se comido quente.

INGREDIENTES

- 3/4 de xícara de manteiga sem sal
- 3/4 de xícara de cacau em pó
- 2 1/4 xícaras de açúcar
- 1 pitada de sal
- 1 colher (chá) de essência de baunilha
- 3 ovos grandes
- 1 xícara de farinha de trigo
- 3/4 de xícara de castanha-do-pará picada
- manteiga sem sal para untar

rendimento: 10 a 12 porções

SE VOCÊ QUISER SABER O QUE É UMA PITADA, COMO UNTAR UMA FÔRMA OU PREAQUECER O FORNO, AS INFORMAÇÕES ESTÃO NO CAPÍTULO É IMPORTANTE SABER COMO... *NA PÁGINA 31.*

MÃOS À OBRA

COMECE DERRETENDO A MANTEIGA
Derreta a manteiga no micro-ondas ou numa panela em fogo bem baixo. Retire do fogo.

AGORA, ACENDA O FORNO
Ligue e preaqueça o forno em temperatura média (200°C).

MISTURE BEM OS INGREDIENTES
Coloque a manteiga numa tigela. Junte o cacau e mexa muito bem com uma espátula ou colher de pau. Acrescente o açúcar e o sal. Mexa mais um pouco. Adicione a baunilha e depois os ovos, um a um, batendo muito bem depois de cada adição. Junte a farinha e dê mais uma batida vigorosa. Acrescente a castanha e misture.

CUIDE DA FÔRMA
Unte com um pouco de manteiga uma assadeira média de aproximadamente 20 x 30 cm e despeje a massa de brownie.

A CAMINHO DO FORNO
Leve ao forno por 25 minutos ou até que a parte de cima do seu brownie comece a formar uma casquinha quebradiça.

ESSE BROWNIE DÁ ÁGUA NA BOCA!
Retire do forno. Corte em quadrados. O brownie pode ser servido quente, morno ou frio. Você escolhe. Se você não aguentou e comeu alguns pedaços ainda quentes, não se preocupe, acontece! Sirva os pedaços que sobraram frios ou leve ao forno por alguns minutos, para ficarem quentinhos novamente. Se quiser, o brownie fica ainda mais gostoso se acompanhado por sorvete de creme.

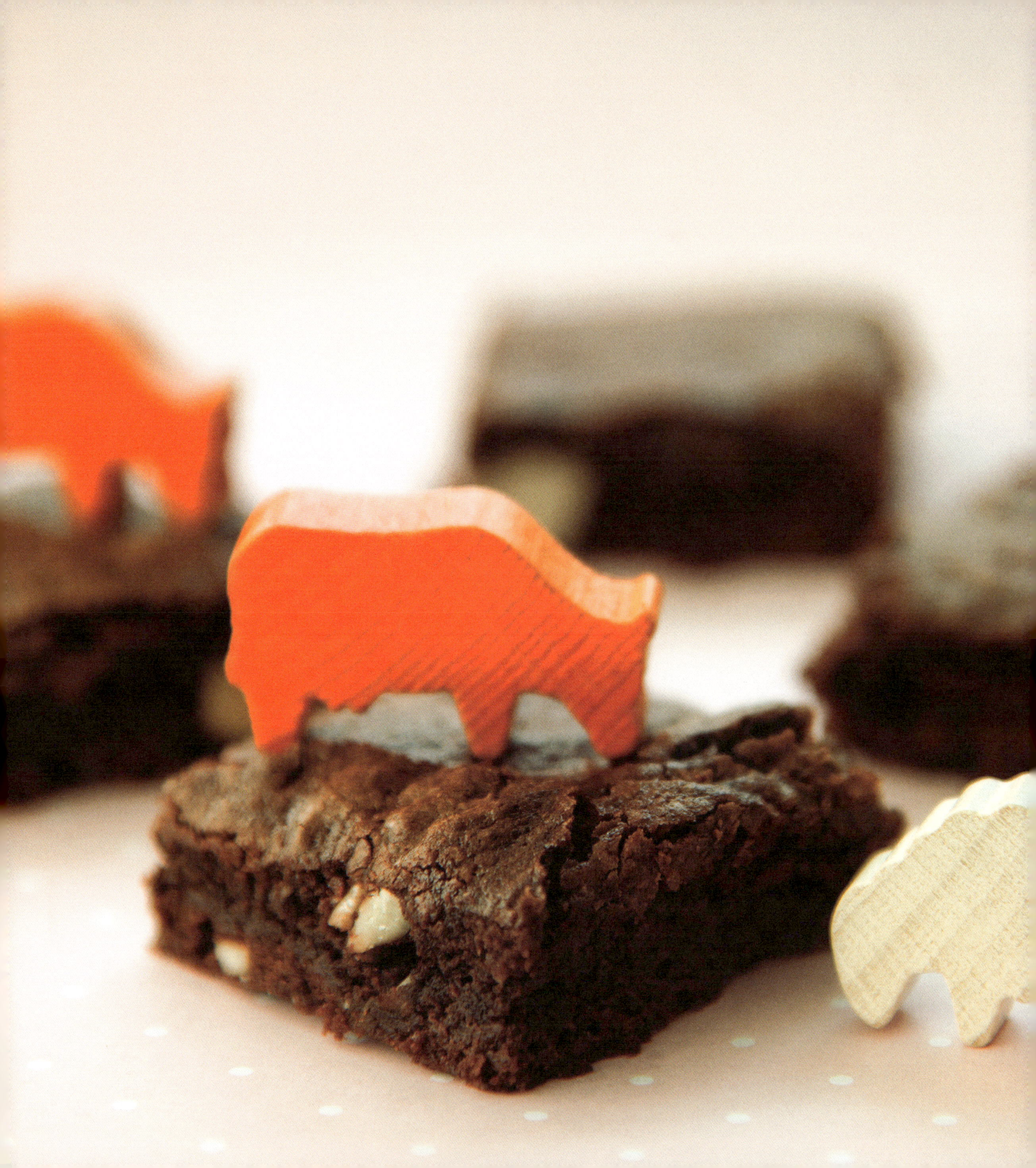

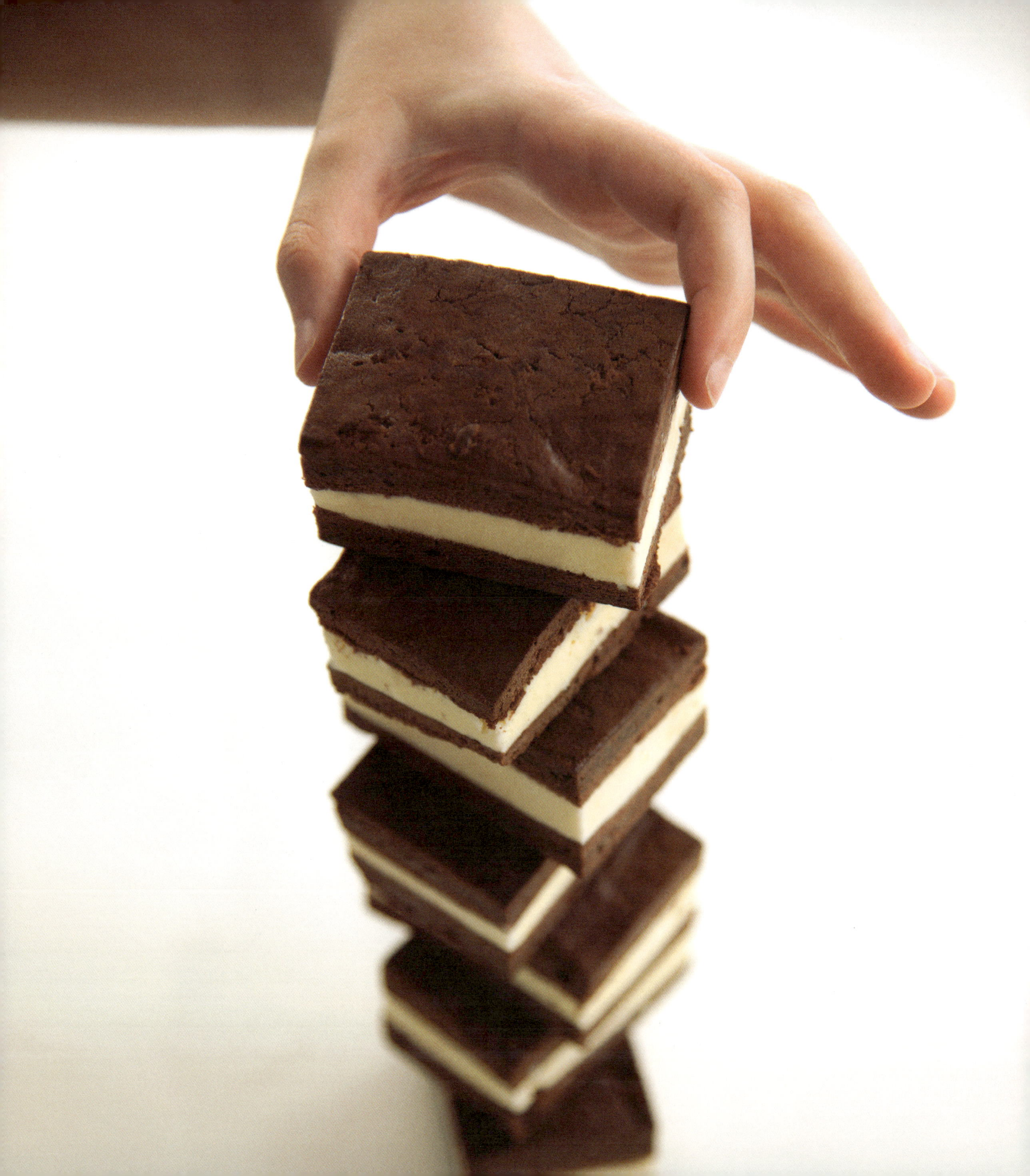

ICE-CREAM SANDWICH

Já ouviu falar em sanduíche de sorvete? Descubra aqui!

INGREDIENTES

- 3/4 de xícara + **1** colher (sopa) de farinha de trigo
- 1/4 de colher (chá) de sal
- 1 1/4 xícara de chocolate em pó
- 3/4 de xícara de manteiga sem sal
- 3/4 de xícara de açúcar
- 3 ovos
- 1 colher (chá) de essência de baunilha
- 1 a 1,5 litro de sorvete de creme (ou outro que você queira)
- manteiga sem sal para untar

rendimento: 15 unidades (aproximadamente)

MÃOS À OBRA

PRIMEIRO, PREPARE A ASSADEIRA

Unte com um pouco de manteiga uma assadeira de 40 x 25 cm. Corte um pedaço de papel-manteiga do tamanho da assadeira e coloque por cima da manteiga, alisando com as mãos para que grude bem.

DEPOIS, ACENDA O FORNO

Ligue e preaqueça o forno em temperatura média (200°C).

FAÇA A MASSA DO SANDUÍCHE

Coloque uma peneira sobre uma tigela. Peneire a farinha de trigo junto com o sal e o chocolate em pó. Bata na tigela da batedeira a manteiga com o açúcar até que vire uma mistura cremosa. Acrescente os ovos e a baunilha e bata mais um pouco. Desligue a batedeira. Adicione os ingredientes peneirados e misture bem com uma colher. Com uma espátula ou com as costas de uma colher, espalhe a massa sobre a folha de papel-manteiga na assadeira, formando uma camada fina. Não tem problema se a massa não cobrir toda a assadeira.

VAMOS PRA COZINHA? **105**

ⓘ

SE VOCÊ QUISER SABER COMO UNTAR UMA FÔRMA OU PREAQUECER O FORNO, AS INFORMAÇÕES ESTÃO NO CAPÍTULO *É IMPORTANTE SABER COMO...* NA PÁGINA 31.

HORA DE ASSAR
Leve ao forno e asse por 20 minutos ou até que a massa comece a descolar das beiradas da assadeira.

VAMOS DESENFORMAR
Com cuidado, retire a assadeira do forno e vire todo o conteúdo sobre uma bancada (o papel sairá junto). Descole o papel da massa. Corte a massa ao meio (pode ser com uma faca ou com um cortador de pizza) e deixe esfriar.

AGORA, VAMOS MONTAR O SANDUÍCHE
Coloque um pedaço grande de filme plástico numa assadeira grande (ela deve ser maior que um dos pedaços de massa que você cortou). Coloque sobre ele um dos pedaços da massa. Vá pegando colheradas ou bolas de sorvete e espalhe sobre essa massa (uma bem ao lado da outra). Cubra com o outro pedaço de massa, formando um sanduíche. Aperte levemente para a camada de sorvete ficar uniforme. Embrulhe com o filme plástico.

A CAMINHO DO FREEZER
Leve ao freezer até ficar bem firme novamente. Desembrulhe, apare as laterais e corte em retângulos ou no formato que quiser. Guarde os sanduíches de sorvete num pote plástico com tampa e leve novamente ao freezer.

HUMMM, QUE DELÍCIA!
Sirva quando tiver vontade, sozinho ou com a calda de chocolate que aparece na receita do pavê de maracujá na página 114. Ou combine com a calda de que mais gostar: framboesa, maracujá, damasco, morango... Todas ficam deliciosas!

PARA OS DIAS DE PRESSA
Quando quiser comer um ice-cream sandwich mas não tiver muito tempo para fazer a massa, aqui vai uma boa ideia: compre biscoitos tipo cookie e coloque sobre um deles uma bola pequena de sorvete do sabor que preferir. Sobre o sorvete coloque outro cookie e aperte levemente. Leve ao freezer até endurecer de novo e pronto!

CHEESECAKE DE LIQUIDIFICADOR COM GOIABADA MOLE

Para os fãs deste doce aí vai a chance de descobrir como é fácil fazê-lo!
Se quiser, troque a goiabada mole por geleia de morango, framboesa ou damasco.

INGREDIENTES

CHEESECAKE

- 100 g de biscoito de chocolate (sem recheio)
- 50 g de manteiga sem sal derretida (você pode derreter numa panelinha no fogo ou no micro-ondas)
- 2 ovos
- 1/2 xícara + **2** colheres (sopa) de açúcar
- 1 pote **(170 g)** de iogurte natural
- 1/2 colher (chá) de essência de baunilha
- 400 g de cream cheese

GOIABADA MOLE

- 200 g de goiabada
- 5 colheres (sopa) de água

rendimento: 4 a 6 porções

MÃOS À OBRA

COMECE PELA MASSA DE BISCOITO

Quebre os biscoitos com as mãos em pedaços grandes. Coloque no copo do liquidificador e bata até formar uma espécie de farofa. Passe os biscoitos para uma tigela e misture com a manteiga derretida. Espalhe no fundo de uma fôrma de fundo falso ou de abrir de aproximadamente 20 cm de diâmetro, apertando bem com as mãos e prestando atenção para não ficar nenhum espacinho sem biscoito.

NÃO ESQUEÇA DE ACENDER O FORNO

Ligue e preaqueça o forno em temperatura média (200°C).

AGORA, FAÇA O RECHEIO

Coloque no copo do liquidificador os ovos e o açúcar e bata um pouco. Acrescente o iogurte, a baunilha e o cream cheese e bata por aproximadamente 1 minuto, até que fique bem cremoso e aerado (isso quer dizer: cheio de bolhinhas de ar). Despeje sobre a massa da torta.

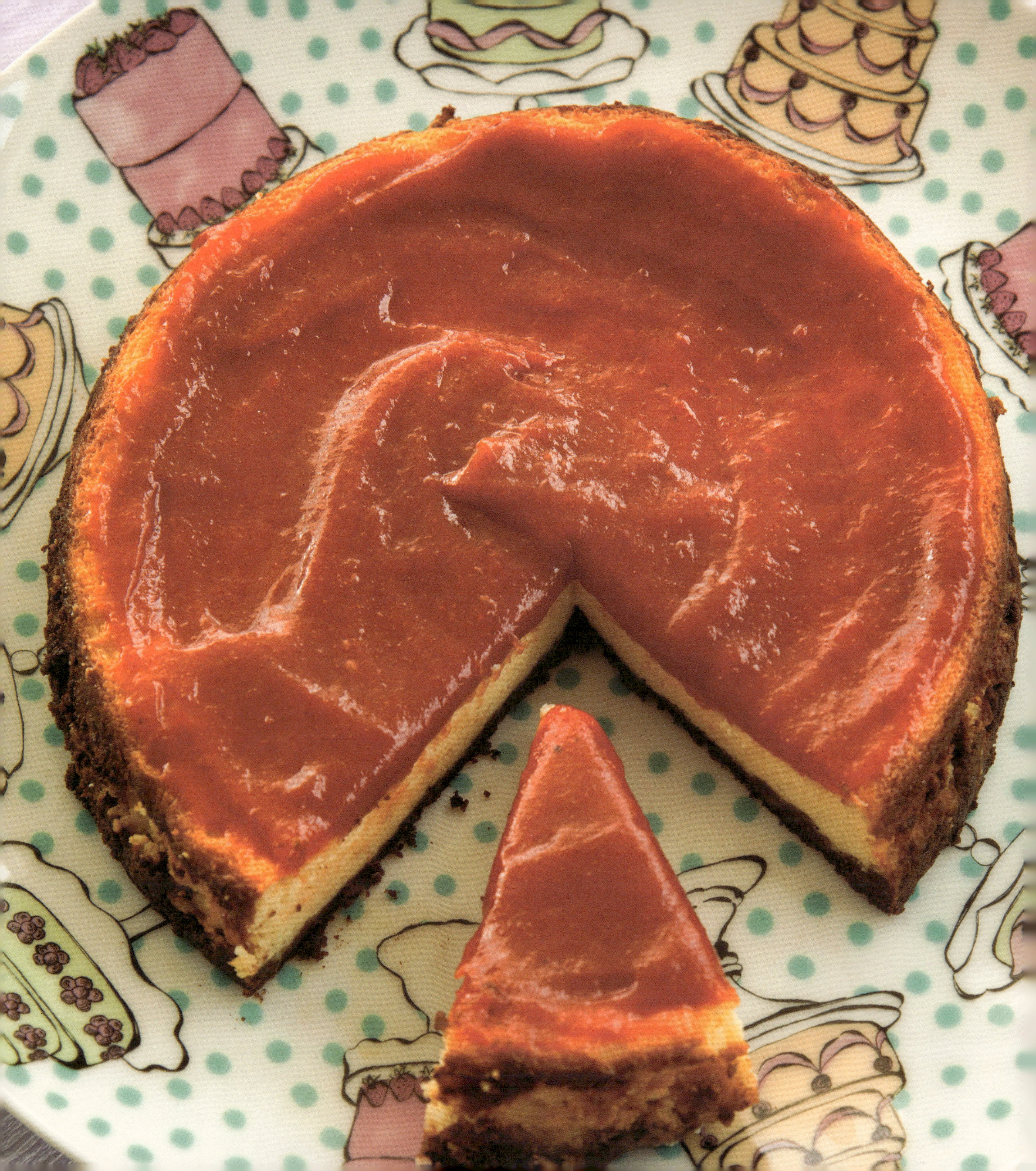

HORA DE IR AO FORNO
Coloque a fôrma de cheesecake dentro de outra fôrma maior (esta serve como proteção, caso vaze um pouco de massa da fôrma). Leve ao forno e asse por aproximadamente 35 minutos. Passado esse tempo, a torta ainda estará um pouco mole no meio.

DEIXE A TORTA ESFRIAR NO FORNO
Desligue o forno e deixe a torta esfriar lá dentro, para que ela termine de assar. Isso evita que as bordas da torta se ressequem. Retire do forno, desenforme e leve à geladeira.

ENQUANTO O CHEESECAKE ESFRIA, FAÇA A COBERTURA
Corte a goiabada em cubinhos e coloque numa tigela pequena junto com a água. Leve ao micro-ondas por 30 segundos. Retire e mexa. Repita essa operação até que a goiabada derreta e fique com uma textura lisa. Se optar pelo fogão, coloque a goiabada e a água numa panelinha e leve ao fogo baixo, mexendo sempre, até derreter.

CUBRA COM GOIABADA MOLE E ESTÁ PRONTO PARA COMER
Cubra o cheesecake com a goiabada mole ainda morna. Se ela estiver esfriado e endurecido, é só colocar um pouco de água quente e mexer bem. Sirva imediatamente ou guarde na geladeira.

> SE VOCÊ QUISER SABER COMO PREAQUECER O FORNO, A INFORMAÇÃO ESTÁ NO CAPÍTULO *É IMPORTANTE SABER COMO...* NA PÁGINA 37.

VAMOS PRA COZINHA?
110

FRUTAS COM CREME DE CHOCOLATE

A brincadeira aqui é dar um banho de chocolate nas frutas e depois comer. Você pode usar chocolate meio amargo, branco ou 70% cacau. E as frutas, é você quem escolhe!

INGREDIENTES

- **150 g** de chocolate meio amargo picado (ou ao leite, branco ou 70% cacau)
- **1** caixinha **(200 g)** de creme de leite
- frutas variadas da época lavadas, sugerimos: morango, fatias de banana, gomos de tangerina, uva, pedaços de kiwi, fatias de carambola
- coco ralado, castanha de caju ou castanha-do-pará picadinha, chocolate ralado (se quiser)

rendimento: 4 porções

MÃOS À OBRA

DERRETA O CHOCOLATE
Coloque numa tigela o chocolate e leve ao micro-ondas por 2 minutos na potência máxima. Retire a tigela e mexa bem o chocolate. Ele começará a derreter. Se já tiver derretido completamente, continue a receita. Senão, aqueça por mais 30 segundos e mexa novamente. Você também pode derreter o chocolate em banho-maria (isso quer dizer: coloque uma frigideira com água no fogo e dentro dela uma panela com o chocolate picado e mexa de vez em quando até derreter).

CUIDE DAS FRUTAS E DOS ACOMPANHAMENTOS
Distribua as frutas em vários potinhos ou numa travessa grande. Coloque palitinhos ou garfinhos na mesa também. Coloque o creme de chocolate numa tigela e, se quiser, o coco, as castanhas e o chocolate ralado em potinhos separados.

AGORA É FÁCIL. PEGUE UM PALITINHO E EXPERIMENTE
É só escolher uma fruta, mergulhar no chocolate e depois no coco, nas castanhas ou no chocolate ralado.

i

SE VOCÊ QUISER SABER MAIS SOBRE BANHO-MARIA, O USO DO CREME DE LEITE OU COMO LAVAR OS ALIMENTOS, AS INFORMAÇÕES ESTÃO NO CAPÍTULO *É IMPORTANTE SABER COMO...* NA PÁGINA 31.

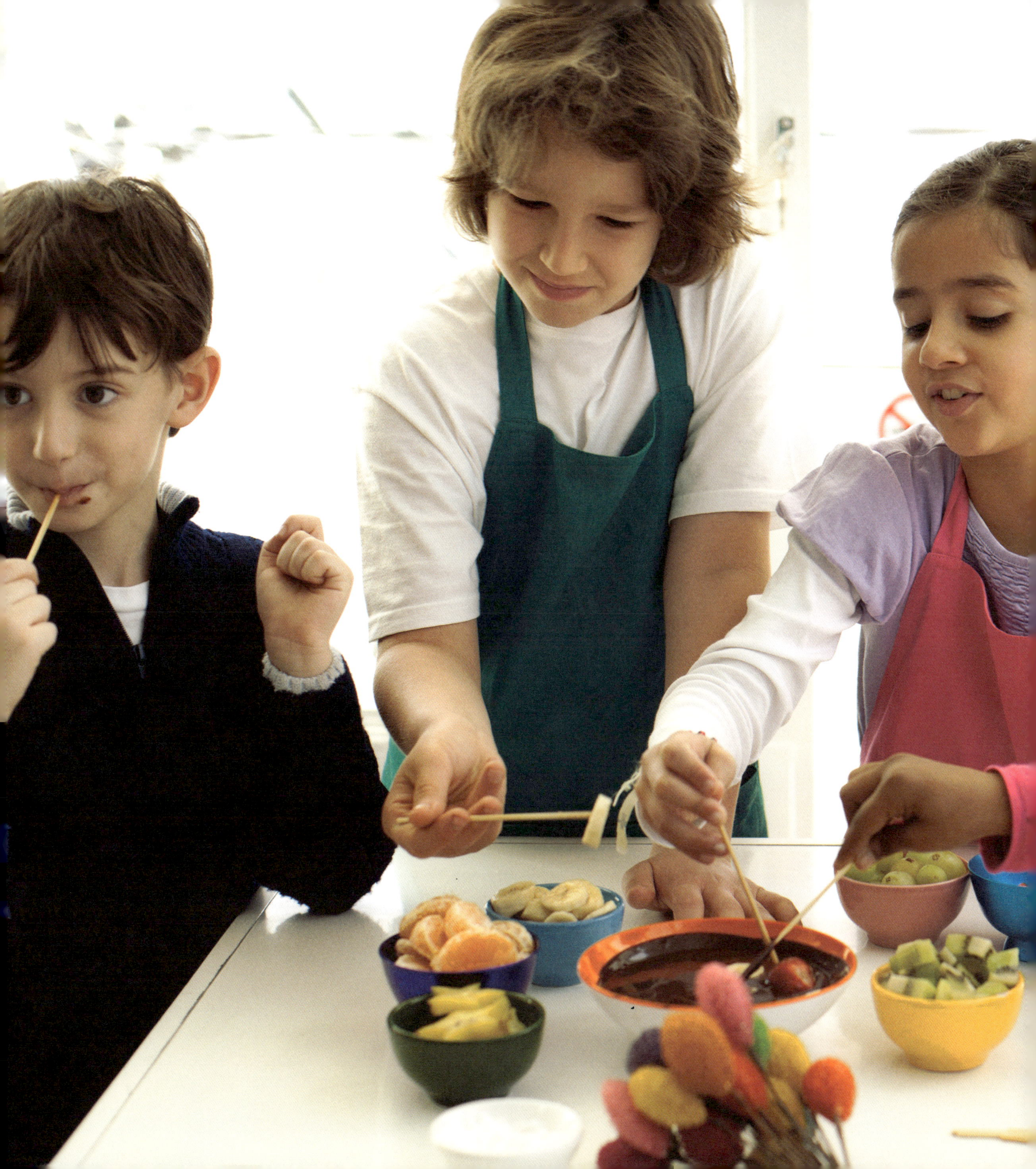

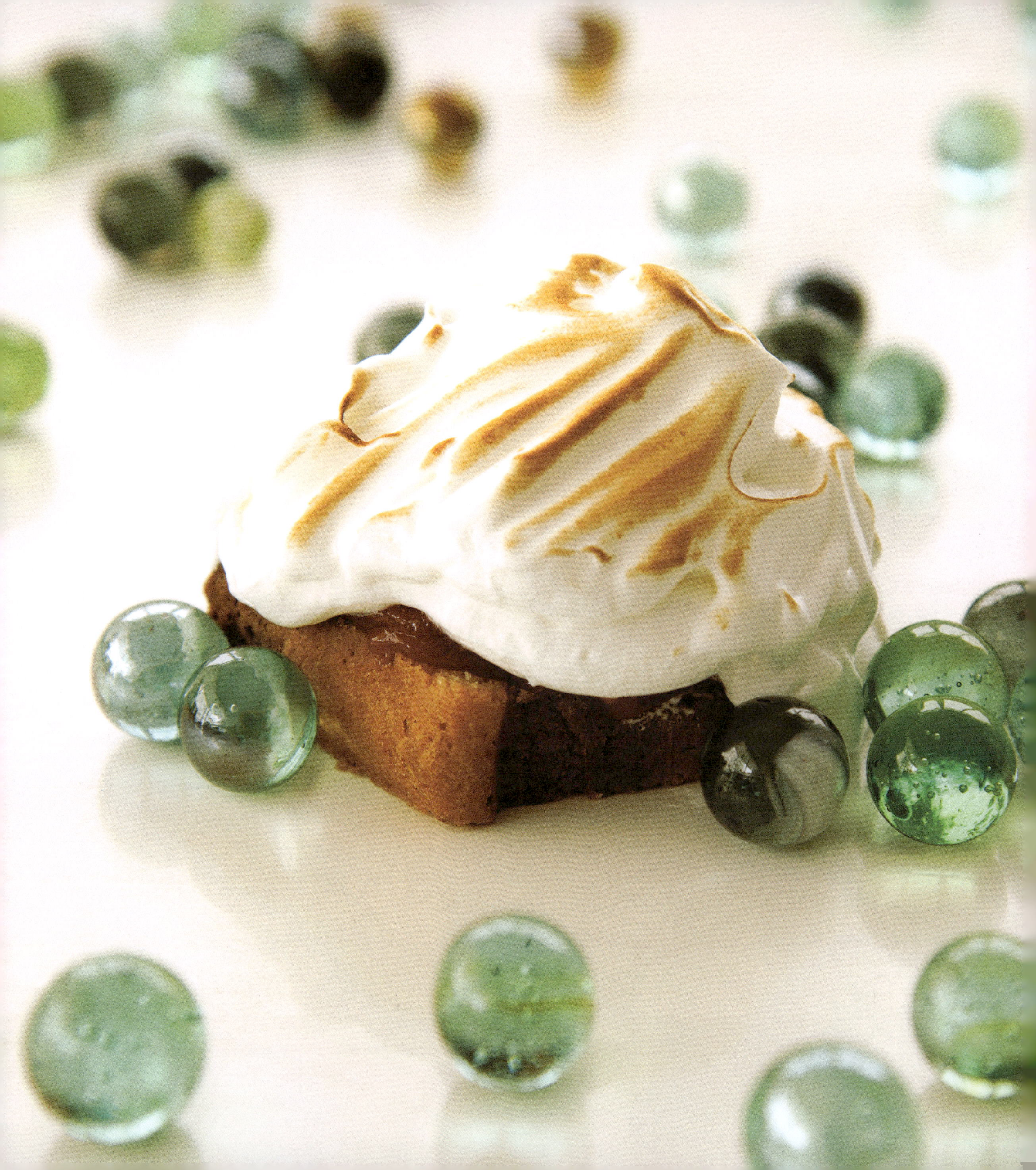

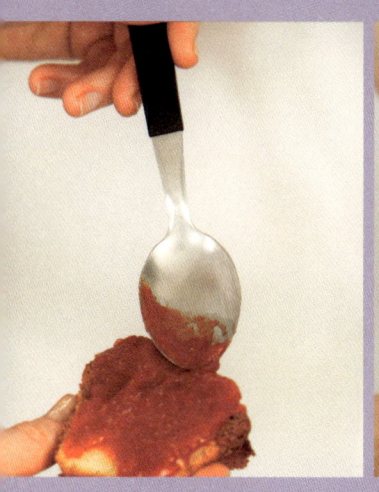

BAKED ALASKA

O próprio nome já nos conta como é feita esta sobremesa. Alaska é um lugar bem gelado, como sorvete. E baked em inglês quer dizer assado! E sorvete pode ir ao forno???

INGREDIENTES

- 2 claras em temperatura ambiente
- 6 colheres (sopa) de açúcar
- 4 fatias de bolo sem recheio (Compre pronto ou use o que você tem em casa. Nós usamos a receita do bolo bicolor que está na página 139.)
- 2 colheres (sopa) de geleia de morango (ou outro sabor)
- 4 bolas de sorvete de creme (aqui você também pode escolher o sabor de que mais gostar)

rendimento: 4 porções

MÃOS À OBRA

COMECE ACENDENDO O FORNO

Ligue e preaqueça o forno em temperatura bem alta (240°C). Nesta receita é importante que o forno esteja bem quente na hora da sobremesa ir ao forno para que o merengue doure rápido e o sorvete não derreta.

DEPOIS, BATA O MERENGUE

Coloque na tigela da batedeira as claras e bata em velocidade alta até que fiquem volumosas e bem firmes. Faça o teste com uma espátula: pegue um pouco da mistura e levante, a clara deve se manter na colher, sem escorrer. Isso se chama bater as claras em neve. Acrescente o açúcar e bata mais um pouco, até que o merengue fique bem brilhante e duro.

MONTE O BAKED ALASKA

Arrume numa assadeira as 4 fatias de bolo. Passe um pouco de geleia em cada uma delas. Coloque uma bola de sorvete sobre cada fatia e, rapidamente, cubra com o merengue. Aqui vai a dica mais importante: nenhum pedacinho do sorvete pode ficar sem merengue, ele é que irá proteger o sorvete do calor.

HORA DE COLOCAR O SORVETE NO FORNO

Se o seu forno tiver uma grade móvel, coloque no nível mais alto. Leve a assadeira ao forno por aproximadamente 5 minutos até o merengue dourar. Retire do forno e sirva imediatamente. O merengue estará quentinho e o sorvete ainda gelado.

SE VOCÊ QUISER SABER COMO SEPARAR A CLARA DA GEMA OU PREAQUECER O FORNO, AS INFORMAÇÕES ESTÃO NO CAPÍTULO *É IMPORTANTE SABER COMO...* NA PÁGINA 31.

PAVÊ DE MARACUJÁ

Este é um pavê-sorvete! Se você preferir, use suco de limão no lugar do maracujá.

INGREDIENTES

PAVÊ

- 3 maracujás ou **1/2** xícara de polpa de maracujá congelada (descongele antes de usar)
- 1 pacote **(180 g)** de biscoito tipo champanhe
- 1 xícara de creme de leite fresco bem gelado
- 1 lata de leite condensado

CALDA DE CHOCOLATE

- 1/2 xícara de chocolate em pó
- 1 colher (sopa) de manteiga sem sal
- 1/4 de xícara de leite

rendimento: 6 a 8 porções

> SSE VOCÊ QUISER SABER MAIS SOBRE O USO DO CREME DE LEITE, A INFORMAÇÃO ESTÁ NO CAPÍTULO *É IMPORTANTE SABER COMO...* NA PÁGINA 37.

MÃOS À OBRA

COMECE PELO MARACUJÁ

Se for usar a fruta, corte o maracujá ao meio, retire a polpa e bata no liquidificador. Depois, coloque numa peneira sobre uma tigela e esprema bem essa mistura com uma colher para retirar o suco. Jogue fora as sementes que ficaram na peneira e reserve o suco.

ESMIGALHE O BISCOITO

Quebre os biscoitos com as mãos em pedaços grandes. Coloque esses pedaços dentro de um saco plástico e passe um rolo sobre ele ou bata com um martelo de carne ou com o punho até os biscoitos ficarem em migalhas (isso quer dizer: em pedacinhos). Reserve.

FAÇA O CREME DE MARACUJÁ

Bata na tigela da batedeira o creme de leite até chegar ao ponto de chantili (isso quer dizer: o creme aumentará de volume, ficará aerado ou cheio de ar e mais grosso). Agora, sem bater para não perder a textura aerada, adicione o leite condensado e mexa delicadamente. Junte o suco de maracujá e continue mexendo da mesma forma.

MONTE O PAVÊ

Forre uma fôrma de fazer pão (ou outra que preferir) com filme plástico, cubra o fundo com metade das migalhas de biscoito e espalhe por cima o creme de maracujá. Cubra com filme plástico e leve ao freezer.

COLOQUE AS MIGALHAS QUE SOBRARAM

Quando tiver passado pelo menos 4 horas (o creme deve estar bem firme), abra o filme plástico e cubra com as migalhas reservadas, apertando para elas aderirem um pouco. Leve de volta ao freezer.

ENQUANTO ISSO, FAÇA A CALDA DE CHOCOLATE

Misture numa panelinha todos os ingredientes. Leve ao fogo, mexendo com colher de pau ou espátula, até aquecer bem. Retire do fogo.

MARACUJÁ COMBINA COM CHOCOLATE? SIM, EXPERIMENTE!

Vire a fôrma com o pavê num prato bonito. Depois, segure as pontas do filme plástico e remova a fôrma. Por último, retire o filme plástico do pavê. Corte em fatias e sirva com a calda de chocolate ou, se preferir, sem a calda. Uma boa ideia é servir o pavê gelado com a calda quentinha.

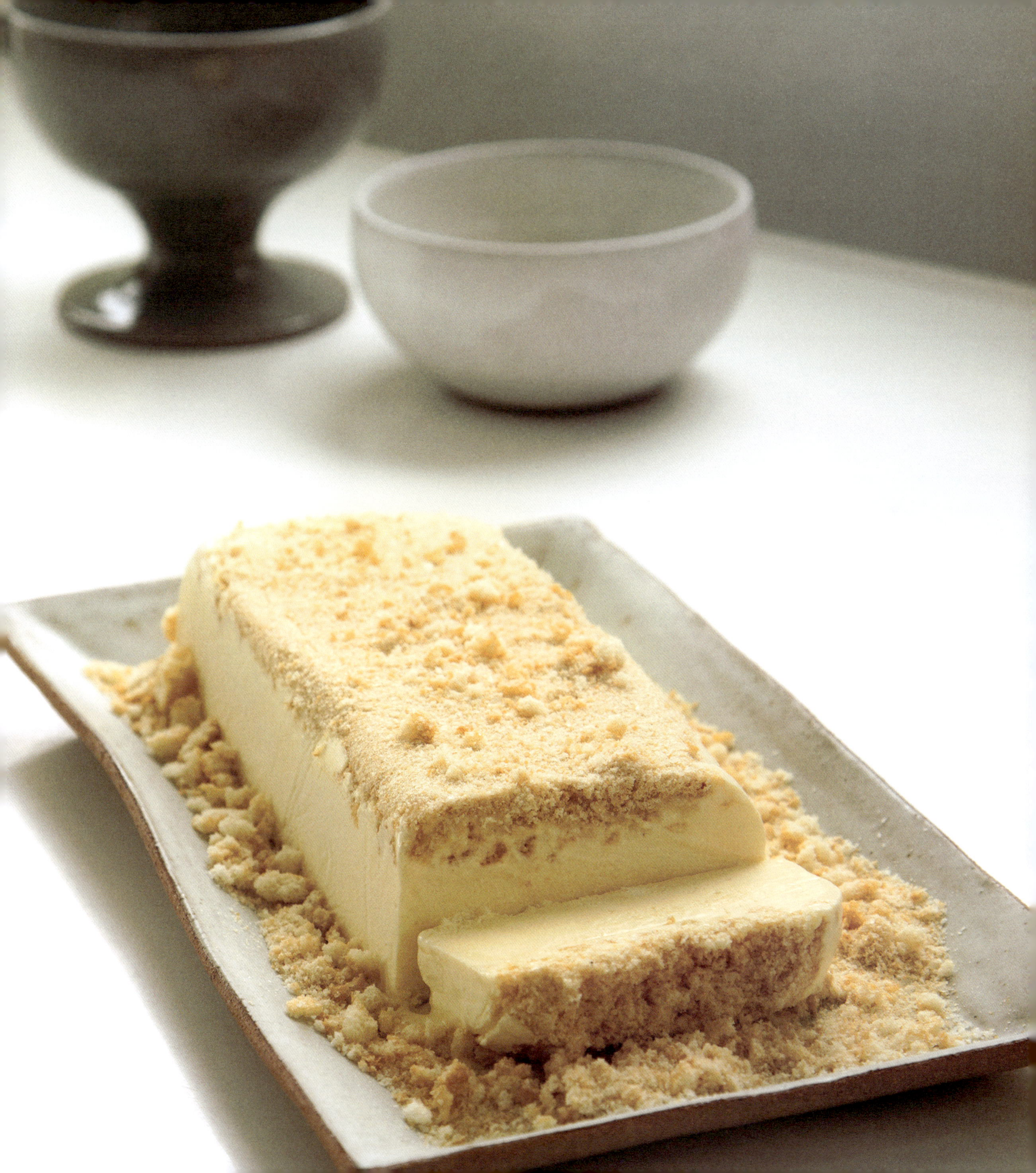

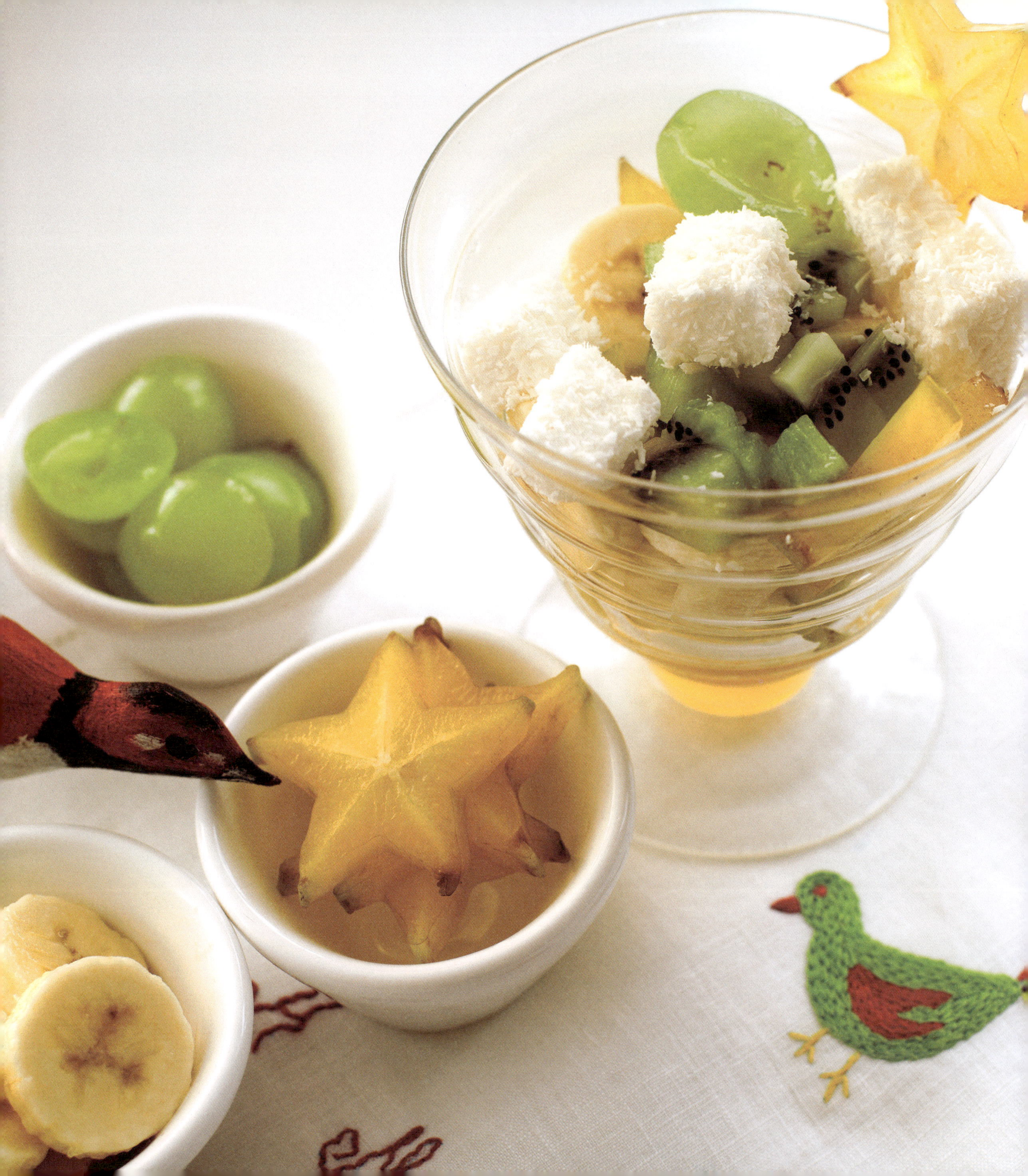

SALADA DE FRUTAS COM MARIA-MOLE

Cubinhos brancos, docinhos e macios, cercado de frutas, que tal?

INGREDIENTES

MARIA-MOLE

- 3 colheres (sopa) de água
- 1 envelope **(12 g)** de gelatina em pó incolor e sem sabor
- 3 claras
- 1 xícara de açúcar
- 1 pacote **(100 g)** de coco ralado

SALADA DE FRUTAS

- 1 maracujá doce
- 1 banana-nanica (ou banana-prata) cortada em rodelas
- 1 pera lavada e cortada em pedaços pequenos
- 2 kiwis sem casca cortados em pedaços pequenos
- 1/2 xícara de uva lavada sem caroço
- 2 carambolas lavadas e cortadas em rodelas
- suco de **1** laranja
- 1 colher (sopa) de mel (se quiser)

rendimento: 4 porções

MÃOS À OBRA

CUIDE DA GELATINA
Coloque a água num potinho que possa ir ao micro-ondas. Polvilhe a gelatina na água e misture. Espere 1 minuto para que a gelatina hidrate (isso quer dizer: a gelatina vai absorver a água). Leve ao micro-ondas por 30 segundos na potência máxima. A gelatina deverá ficar bem líquida. Se for necessário, coloque por mais 10 segundos no micro-ondas. Ou leve ao fogo em banho-maria (isso quer dizer: coloque uma frigideira com água no fogo e dentro dela uma panelinha com a água e a gelatina, e mexa até a mistura ficar líquida).

BATA AS CLARAS ATÉ FORMAR UM MERENGUE
Bata na tigela da batedeira as claras até que fiquem bem volumosas e firmes. Faça o teste com uma espátula: pegue um pouco da mistura e levante, a clara deverá se manter na colher, sem escorrer. Isso se chama bater as claras em neve. Acrescente o açúcar e bata mais um pouco até que as claras fiquem brilhantes. Sem parar de bater, acrescente a gelatina em fio (isso quer dizer: despeje a gelatina formando um fio sobre as claras), até se misturar por completo.

CHEGOU A VEZ DO COCO
Espalhe metade do coco numa assadeira ou numa fôrma refratária e despeje por cima o creme que você acabou de bater. Cubra com filme plástico e leve à geladeira por aproximadamente 3 horas ou até firmar bem. Retire da geladeira e coloque o restante do coco sobre a maria-mole, apertando levemente.

PREPARE A SALADA DE FRUTAS
Corte o maracujá ao meio, retire a polpa com uma colher e coloque numa tigela. Junte as outras frutas e o suco de laranja e misture. Prove e, se achar necessário, coloque o mel para adoçar um pouco. Conserve na geladeira.

HORA DE COMER
Primeiro, corte a maria-mole em quadradinhos. Distribua a salada de frutas e seu suco em potinhos e coloque os quadradinhos de maria-mole sobre ela.

SE VOCÊ QUISER SABER MAIS SOBRE BANHO-MARIA, COMO SEPARAR A CLARA DA GEMA OU LAVAR OS ALIMENTOS, AS INFORMAÇÕES ESTÃO NO CAPÍTULO *É IMPORTANTE SABER COMO...* NA PÁGINA 31.

QUINDÃO

Pra quem gosta de gema e coco, esta sobremesa é a combinação perfeita. Quando feita em fôrmas pequenas, leva o nome de quindim!

INGREDIENTES

- **1** pacote **(100 g)** de coco ralado seco (ou **1 1/2** xícara de coco ralado fresco)
- **15** gemas de ovos extragrandes
- **2** xícaras de açúcar
- **2** colheres (sopa) de manteiga sem sal em temperatura ambiente
- manteiga sem sal para untar
- açúcar para polvilhar a fôrma

rendimento:
10 a 12 porções

VAMOS PRA COZINHA?
118

ⓘ SE VOCÊ QUISER SABER MAIS SOBRE BANHO-MARIA, O QUE É MANTEIGA EM TEMPERATURA AMBIENTE, COMO SEPARAR A CLARA DA GEMA, UNTAR UMA FÔRMA OU PREAQUECER O FORNO, AS INFORMAÇÕES ESTÃO NO CAPÍTULO *É IMPORTANTE SABER COMO…* NA PÁGINA 31.

MÃOS À OBRA

CUIDE PRIMEIRO DA FÔRMA
Unte com um pouco de manteiga e polvilhe com açúcar uma fôrma redonda de 20 centímetros de diâmetro com furo no meio. Deixe que o excesso de açúcar fique no fundo da fôrma, formando uma camada esbranquiçada. Isso fará com que seu quindão fique brilhante ao ser desenformado, pois o açúcar terá derretido com o calor.

DEPOIS, ACENDA O FORNO
Ligue e preaqueça o forno em temperatura baixa (180°C).

AGORA, FAÇA O QUINDÃO
Se for usar o coco seco, abra a embalagem, coloque numa tigela, junte 1 xícara de água morna e misture bem com um garfo. Junte as gemas, o açúcar e a manteiga e misture tudo muito bem com uma colher. Despeje essa mistura na fôrma.

ASSE EM BANHO-MARIA
Leve bastante água para ferver. Coloque a fôrma com o quindim dentro de outra fôrma redonda funda maior e leve ao forno. Com cuidado para não se queimar, despeje a água fervente no fundo da fôrma maior até atingir a metade da outra. Essa técnica é conhecida como banho-maria de forno. Asse por 3 horas. Você vai ver que na superfície se formará uma crosta que ficará bem dourada. Retire do forno e deixe amornar. Guarde na geladeira até a hora de servir.

HORA DE DESENFORMAR O QUINDÃO. CUIDADO!
Esse é um momento importante. Passe uma faca sem ponta pelas bordas do quindão para soltá-las. Com a mesma faca, levante um pouquinho a borda para que entre ar no fundo da fôrma. Com o maior cuidado, vire o quindão sobre um prato de servir e aguarde um pouco para que ele se desprenda. Agora, é só comer.

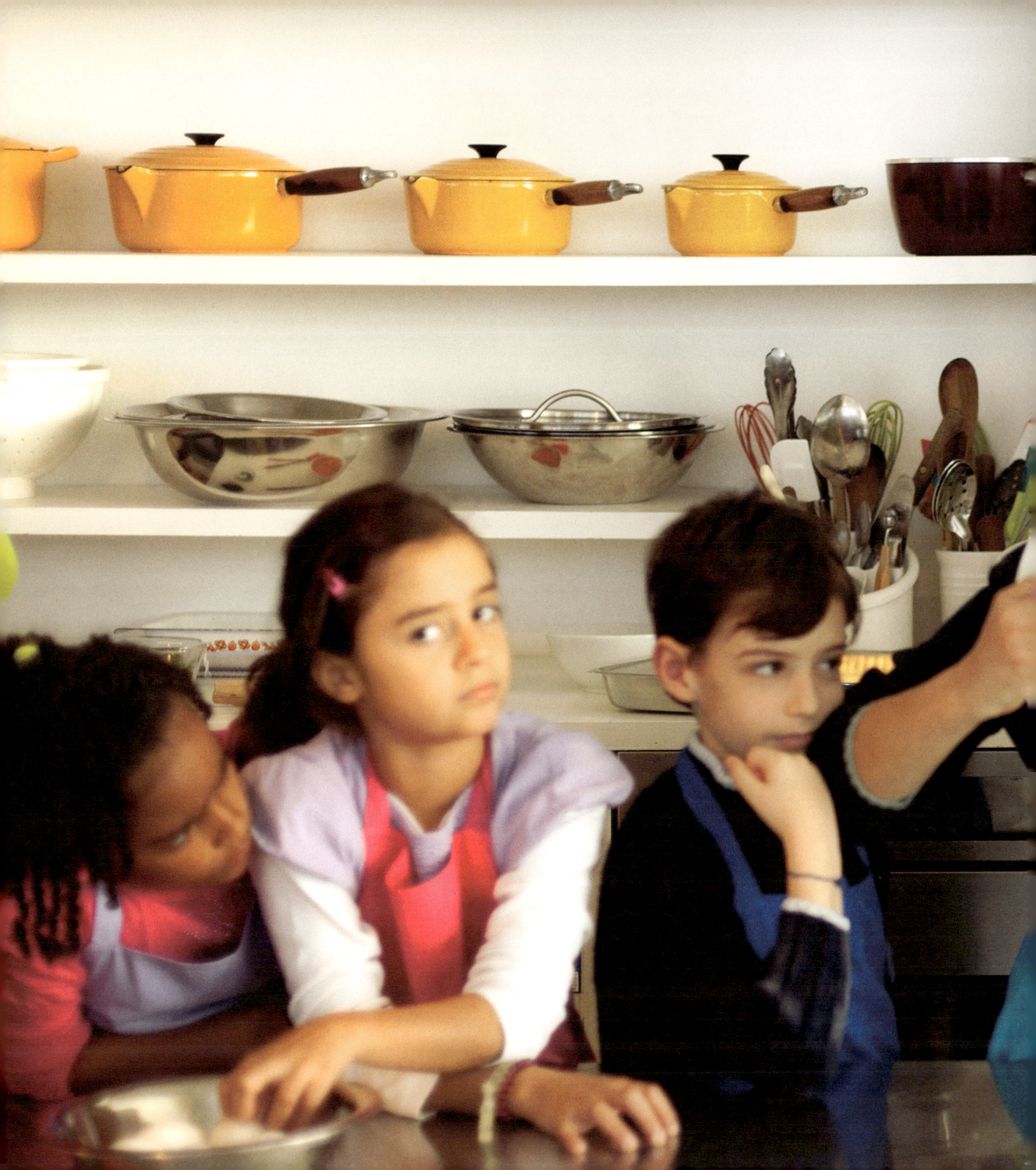

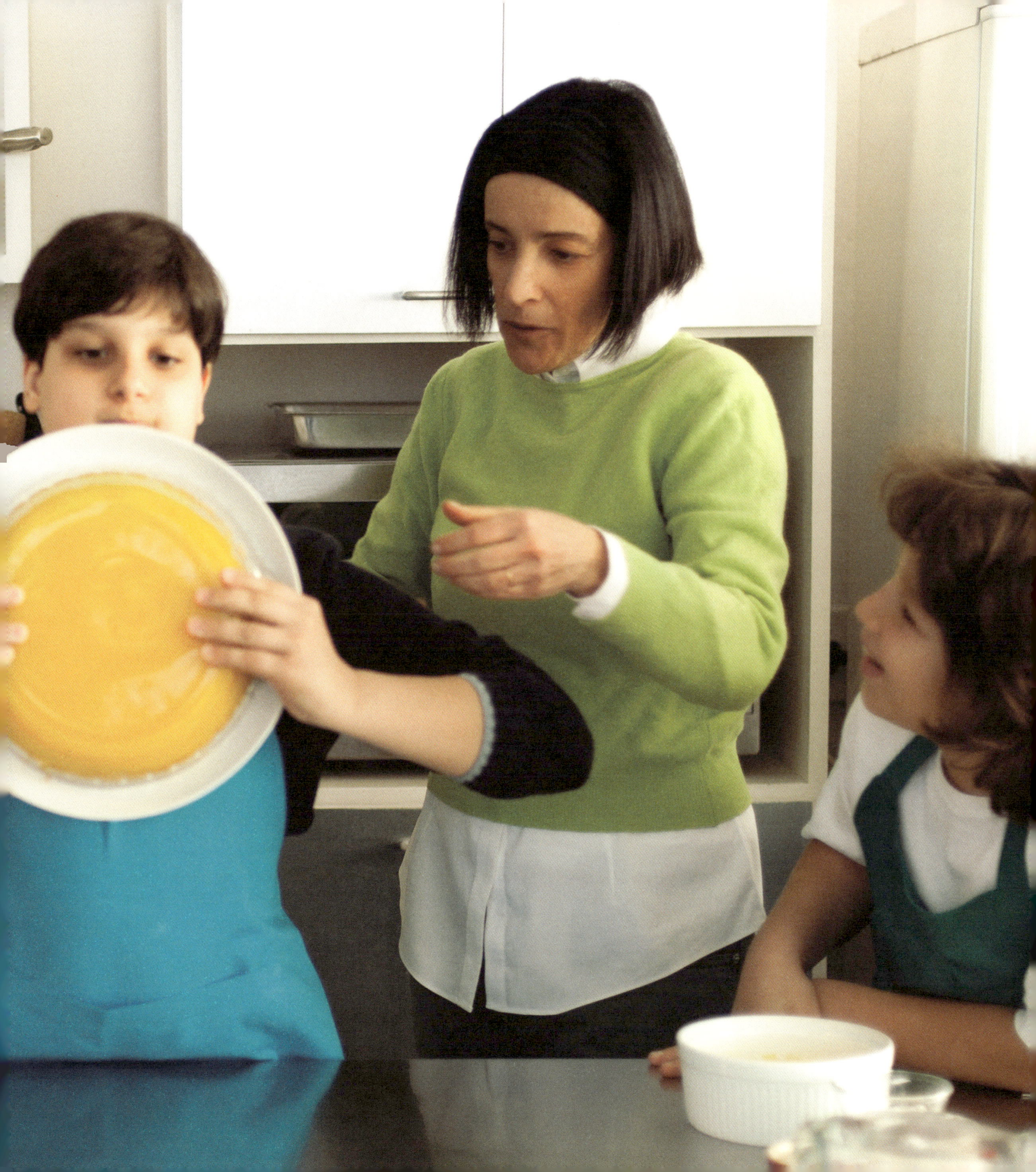

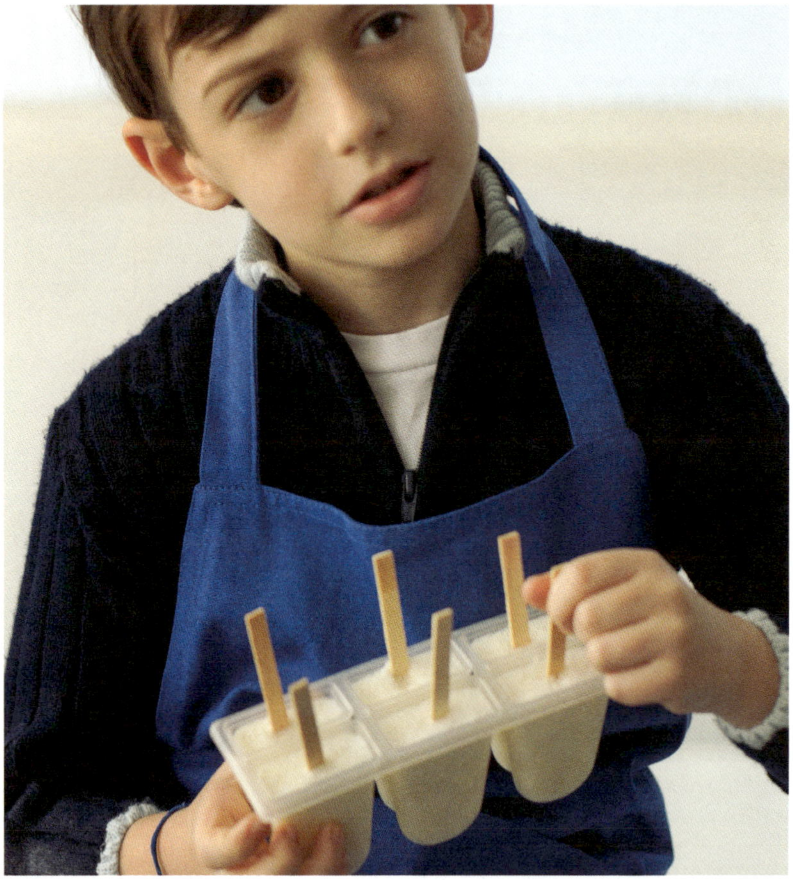
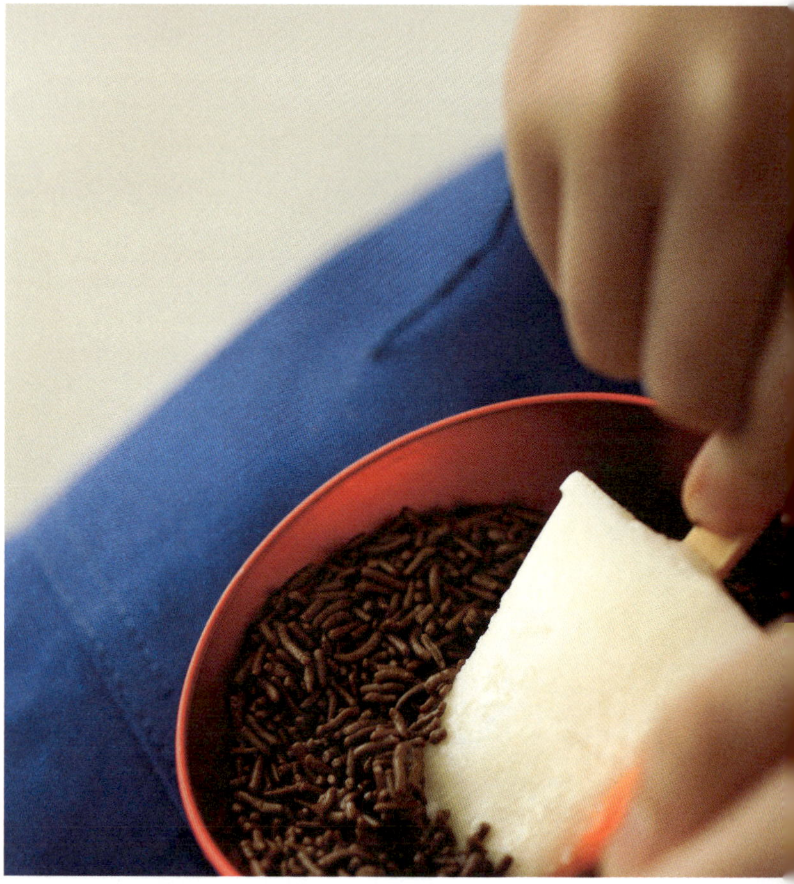
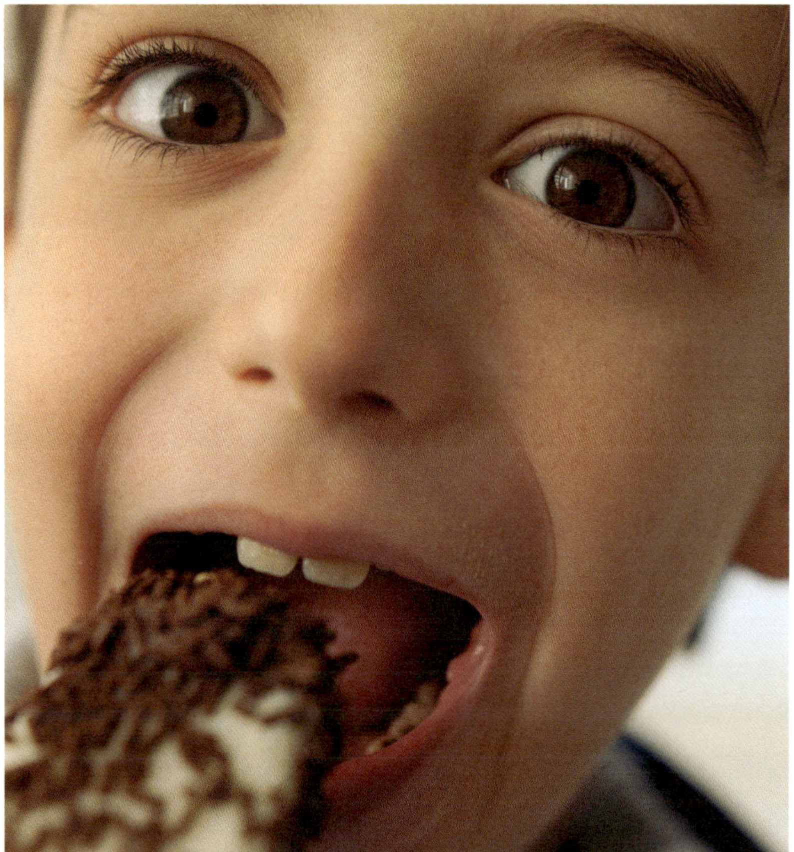
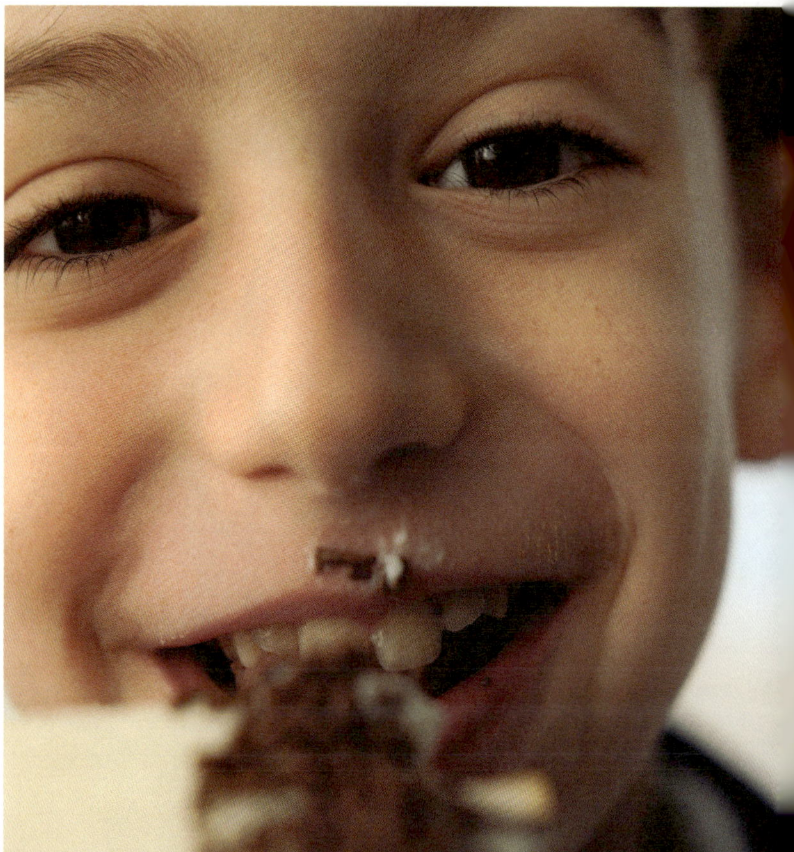

sempre

PICOLÉ DE COCO COM PONTA DE CHOCOLATE

Depois de pronto o picolé, a brincadeira é mergulhar a ponta em chocolate granulado ou no confeito que você quiser como castanha de caju picada, pé de moleque moído...

INGREDIENTES

- 1 pacote **(100 g)** de coco ralado seco
- 200 ml de leite de coco
- 2 xícaras de leite
- 1 caixinha **(200 g)** de creme de leite
- 1 xícara de açúcar
- granulado de chocolate para cobrir (ou a cobertura que você escolher)

rendimento: 18 picolés (aproximadamente)

MÃOS À OBRA

PRIMEIRO, FAÇA O PICOLÉ
Coloque no copo do liquidificador o coco, o leite de coco, o leite, o creme de leite e o açúcar. Bata por mais ou menos 2 minutos para misturar e aerar (isso quer dizer: encher de bolhinhas de ar).

COLOQUE NAS FORMINHAS
Despeje a mistura em forminhas de picolé, xícaras ou copinhos de plástico, espete os palitos no meio e leve ao freezer por pelo menos 3 horas para que endureçam bem. Se os palitos não se fixarem com a mistura líquida, leve ao freezer por 20 minutos, retire, espete os palitos e retorne ao freezer.

DESENFORME O PICOLÉ
Antes, coloque o granulado de chocolate ou outro confeito que você escolher numa tigela pequena. Para desenformar o picolé, coloque água fria numa bacia, mergulhe a forminha na água por alguns segundos e puxe pelo palito com firmeza.

CHEGOU A HORA DO MERGULHO
Mergulhe rapidamente a ponta de cada picolé no granulado.

PICOLÉ FEITO EM CASA É AINDA MAIS GOSTOSO!
Você pode tomar na hora ou colocar os picolés numa assadeira, cobrir com papel-alumínio e levar de volta no freezer. Assim, poderá tomá-los na hora que quiser.

VAMOS PRA COZINHA? **123**

> **i**
> SE VOCÊ QUISER SABER MAIS SOBRE O USO DO CRÈME DE LEITE, A INFORMAÇÃO ESTÁ NO CAPÍTULO *É IMPORTANTE SABER COMO...* NA PÁGINA 37.

BOLINHOS DE POLVILHO

Bolinhos para sentir o gosto do polvilho primeiro e do queijo depois. Eles têm que ser comidos assim que saírem do forno. Então, prepare a mesa! Podem ser servidos sozinhos ou recheados com requeijão ou manteiga.

INGREDIENTES

- 1 1/2 xícara de polvilho azedo
- 1/2 xícara de leite
- 1/4 de xícara de óleo de milho
- 1 colher (sopa) de azeite de oliva
- 4 ovos
- 1 1/2 colher (chá) de sal
- 1/2 xícara de queijo de minas padrão ralado grosso
- manteiga sem sal para untar

rendimento: 20 unidades (aproximadamente)

MÃOS À OBRA

PREPARE AS FORMINHAS
Unte com um pouco de manteiga 20 forminhas de empada (ou use forminhas de muffin). Coloque-as numa assadeira.

DEPOIS, ACENDA O FORNO
Ligue e preaqueça o forno em temperatura média (200°C).

FAÇA A MASSA DOS BOLINHOS
Coloque todos os ingredientes no copo do liquidificador e bata. Você vai precisar desligar o liquidificador umas duas ou três vezes e passar uma espátula nas laterais para soltar a massa que grudou no copo. Encha as forminhas com essa massa.

HORA DE DOURAR OS BOLINHOS E DEPOIS COMER
Leve ao forno para assar por aproximadamente 25 minutos ou até que fiquem dourados e crescidos. Retire do forno, desenforme e sirva ainda quente.

VAMOS PRA COZINHA?

ⓘ SE VOCÊ QUISER SABER COMO UNTAR UMA FÔRMA OU PREAQUECER O FORNO, AS INFORMAÇÕES ESTÃO NO CAPÍTULO *É IMPORTANTE SABER COMO...* NA PÁGINA 31.

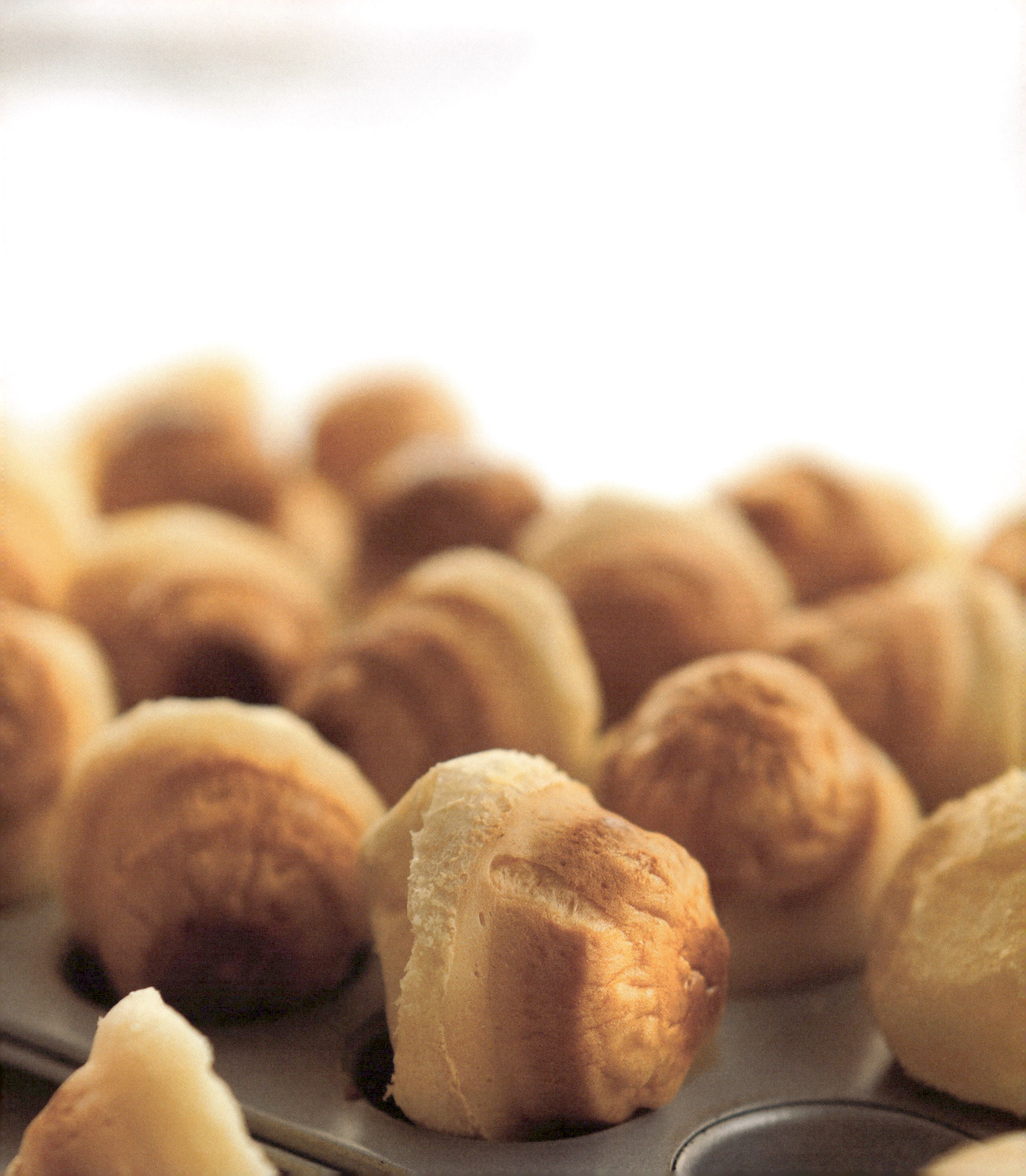

LIMONADA SUÍÇA

Limonada batida com a casca fica muito boa. Experimente!

INGREDIENTES

- 4 xícaras de água filtrada
- 1 limão lavado e cortado em 8 pedaços
- 1/4 de xícara de açúcar

rendimento: 4 porções

MÃOS À OBRA

Coloque no copo do liquidificador todos os ingredientes e bata por 2 a 4 minutos. Coloque uma peneira sobre uma tigela e despeje a limonada, separando os restos da casca do limão do suco. Coloque a limonada numa jarra. Se quiser, adicione gelo e sirva.

SHAKE DE BANANA

As bananas congeladas deixam este shake ainda mais cremoso!

INGREDIENTES

- **3** xícaras de leite
- **3** xícaras de banana-nanica madura cortada em rodelas (congele por cerca de 1 hora)
- **1** pote **(170 g)** de iogurte natural cremoso
- **1** bola grande de sorvete de creme
- **2** colheres (sopa) de granulado de chocolate

rendimento: 4 porções

MÃOS À OBRA

BATA OS INGREDIENTES NO LIQUIDIFICADOR
Coloque no copo do liquidificador o leite, as rodelas de banana congeladas, o iogurte e o sorvete e bata até que fique bem cremoso.

POLVILHE O SHAKE COM O GRANULADO E BEBA
Coloque o shake em copos altos bem bonitos e polvilhe com um pouco de granulado de chocolate.

PANQUECAS PARA O CAFÉ DA MANHÃ

Estas panquecas são daquelas mais grossinhas, para serem comidas com mel, geleia ou iogurte bem cremoso!

INGREDIENTES

- **1** xícara + **2** colheres (sopa) de farinha de trigo
- **1** colher (chá) de fermento em pó
- **1** colher (sopa) de açúcar
- **2** pitadas de sal
- **2** ovos
- **1/2** xícara de leite

rendimento:
8 panquecas

MÃOS À OBRA

PRIMEIRO, FAÇA A MASSA
Misture numa tigela a farinha, o fermento, o açúcar e o sal. Faça um buraquinho no meio dessa mistura e coloque os ovos. Misture com uma colher de pau, espátula ou batedor de arame.

CUIDADO PARA NÃO EMPELOTAR A MASSA!
Acrescente o leite aos poucos, mexendo sempre. É importante que o leite seja despejado aos poucos, para que seja absorvido pela massa e não empelote (isso quer dizer: não forme bolinhas no meio da massa).

COLOQUE A MASSA NUMA FRIGIDEIRA
Aqueça uma frigideira antiaderente. Despeje bem no meio da frigideira mais ou menos 2 colheres de sopa da massa. A massa vai se espalhar sozinha, formando uma panqueca com espessura grossa.

QUANDO FORMAR BOLHAS, ESTÁ NA HORA DE VIRAR A PANQUECA
Deixe a panqueca cozinhar em fogo baixo até se formarem bolhas na superfície. Vire a panqueca com uma espátula. Doure do outro lado e passe para um prato. Repita o processo com a massa restante, colocando as panquecas prontas uma em cima da outra.

AGORA, É SÓ ESCOLHER O ACOMPANHAMENTO E COMER
Sirva enquanto ainda estão quentinhas, com manteiga, geleia, requeijão, calda de chocolate, mel, maple syrup ou frutas.

SE VOCÊ QUISER SABER O QUE É UMA PITADA, A INFORMAÇÃO ESTÁ NO CAPÍTULO *É IMPORTANTE SABER COMO...* NA PÁGINA 36.

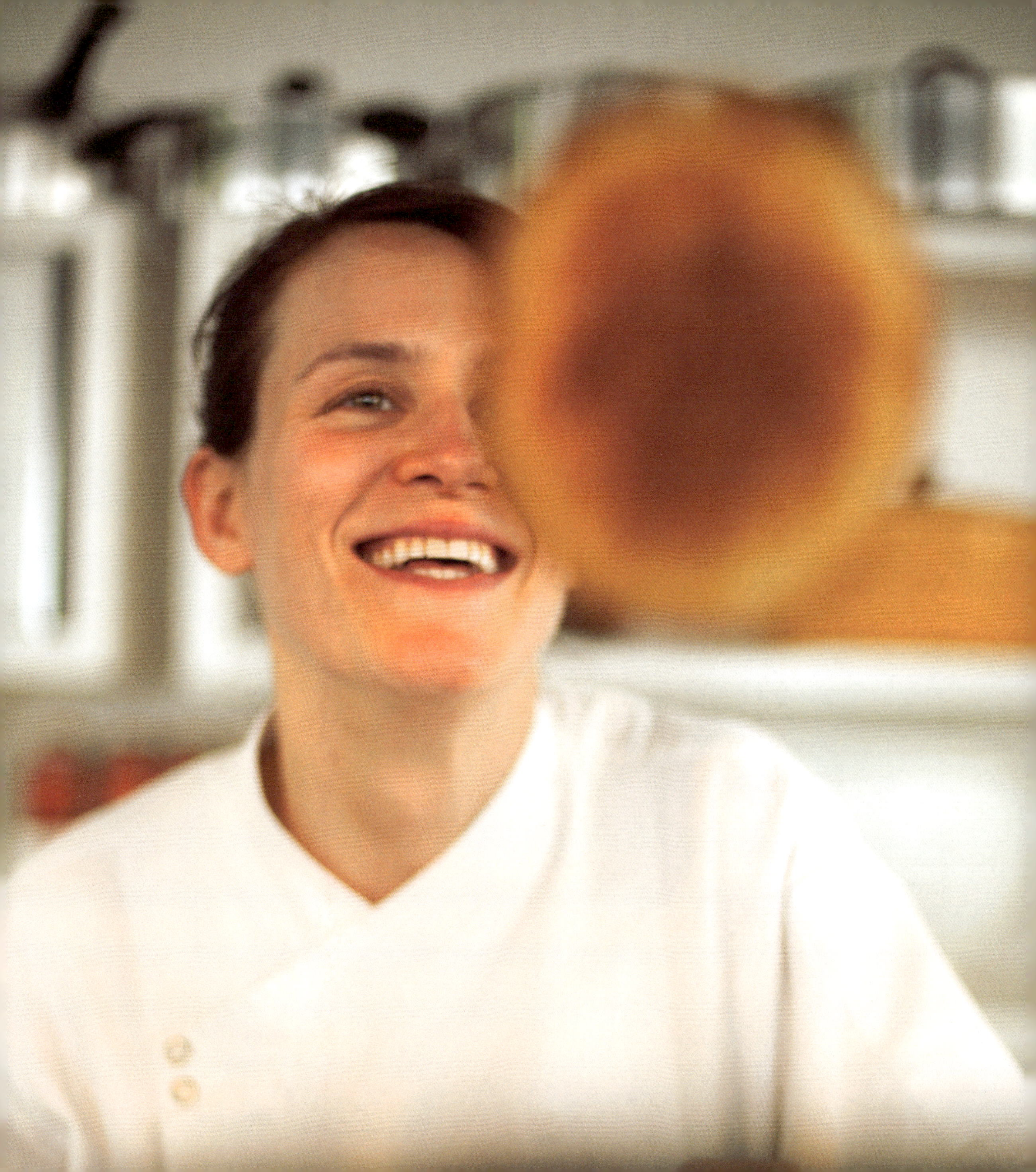

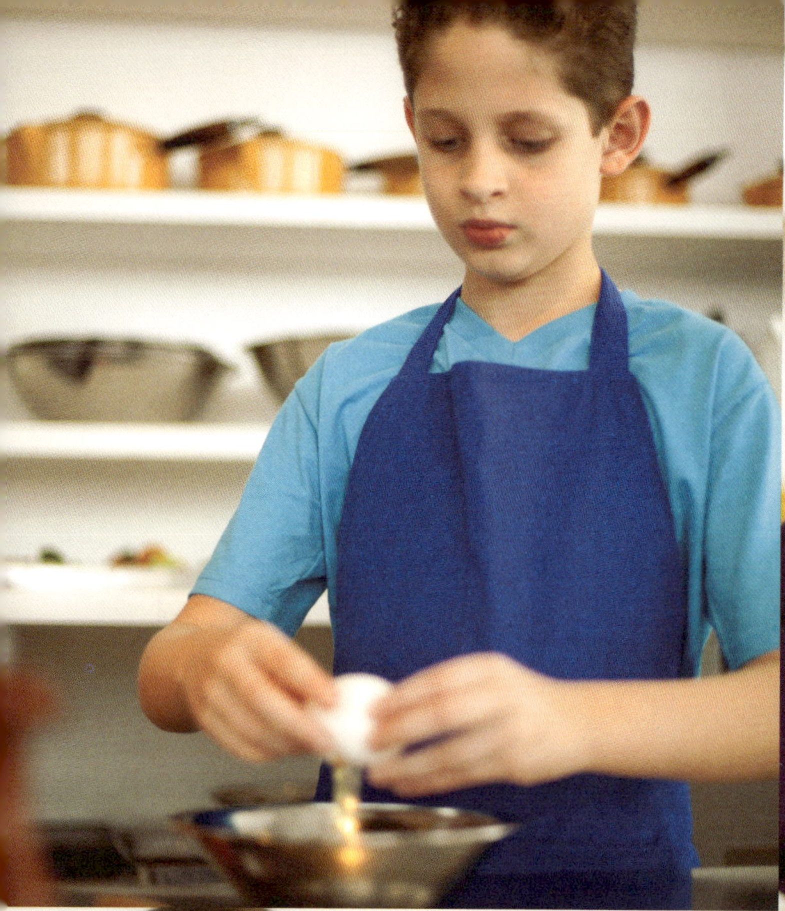
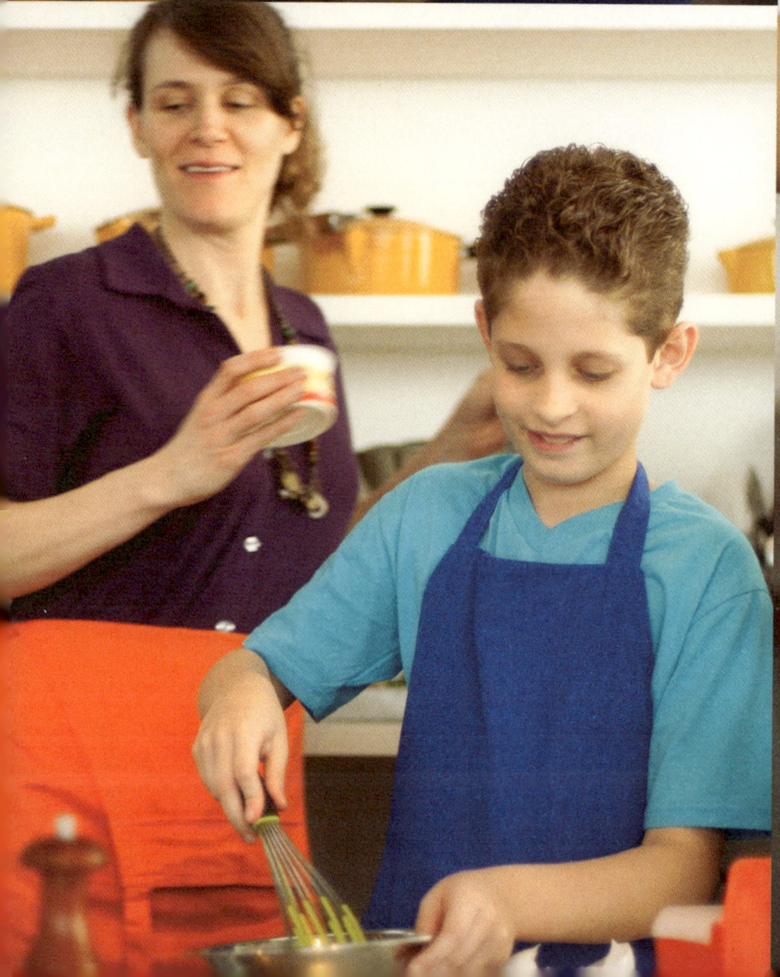
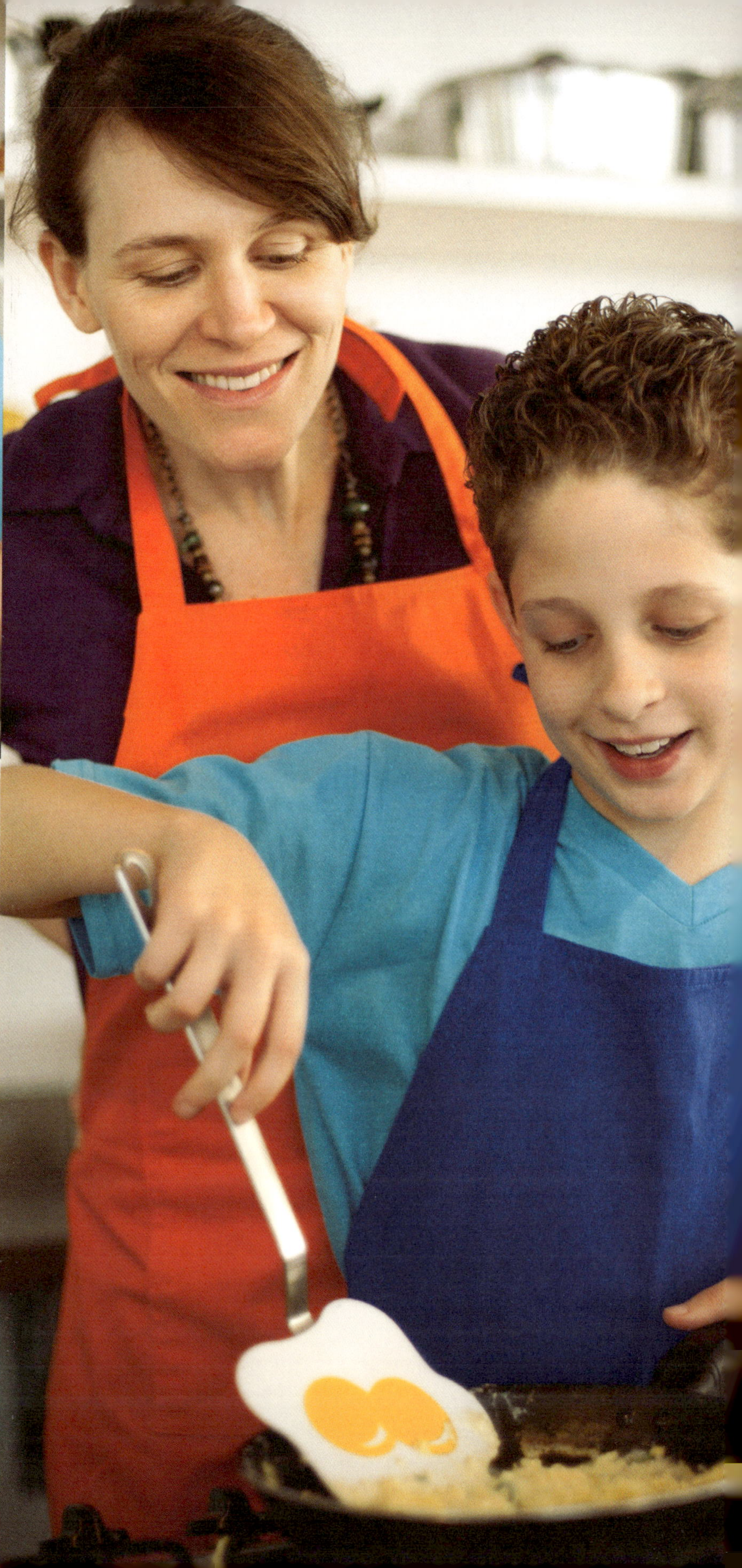

OVOS MEXIDOS

Aqui, um clássico muito bem explicadinho! Pode ser servido sozinho ou com o acompanhamento que você escolher.

INGREDIENTES

- 4 ovos
- 4 colheres (sopa) de leite
- 4 pitadas de sal (aproximadamente)
- 1 pitada de pimenta-do-reino (se quiser)
- 1/2 colher (sopa) de manteiga sem sal

PARA ACOMPANHAR

- 4 colheres (sopa) de requeijão + cebolinha-verde lavada e picada (com tesoura)
- 4 fatias de queijo prato (ou mussarela) picadas + **4** fatias de presunto picadas
- 2 tomates + folhinhas de manjericão lavadas

rendimento: 4 porções

MÃOS À OBRA

PRIMEIRO, ESCOLHA O ACOMPANHAMENTO

Escolha um dos acompanhamentos sugeridos e deixe-o preparado para quando começar a fazer os ovos. Se escolher o recheio de tomate e manjericão: corte os tomates ao meio, retire as sementes e as partes duras com uma faca e corte em cubinhos.

DEPOIS, CUIDE DOS OVOS

Quebre os ovos, um a um, e coloque numa tigela. Junte o leite e bata bem com um batedor de arame ou com um garfo (os ovos devem ficar espumosos). Acrescente o sal e, se quiser, a pimenta.

HORA DE MEXER OS OVOS

Derreta a manteiga numa frigideira antiaderente em fogo baixo. Despeje os ovos batidos e mexa constantemente com uma colher de pau ou espátula enquanto cozinham.

JUNTE O ACOMPANHAMENTO, MISTURE E COMA

Quando os ovos começarem a ficar mais durinhos e se soltarem do fundo da frigideira, acrescente o tomate e o manjericão ou o acompanhamento que você preferir, e continue mexendo. Assim que ficarem firmes (mas não duros), distribua os ovos nos pratos e sirva imediatamente.

SE VOCÊ QUISER SABER O QUE É UMA PITADA OU COMO LAVAR OS ALIMENTOS, AS INFORMAÇÕES ESTÃO NO CAPÍTULO É IMPORTANTE SABER COMO... NA PÁGINA 31.

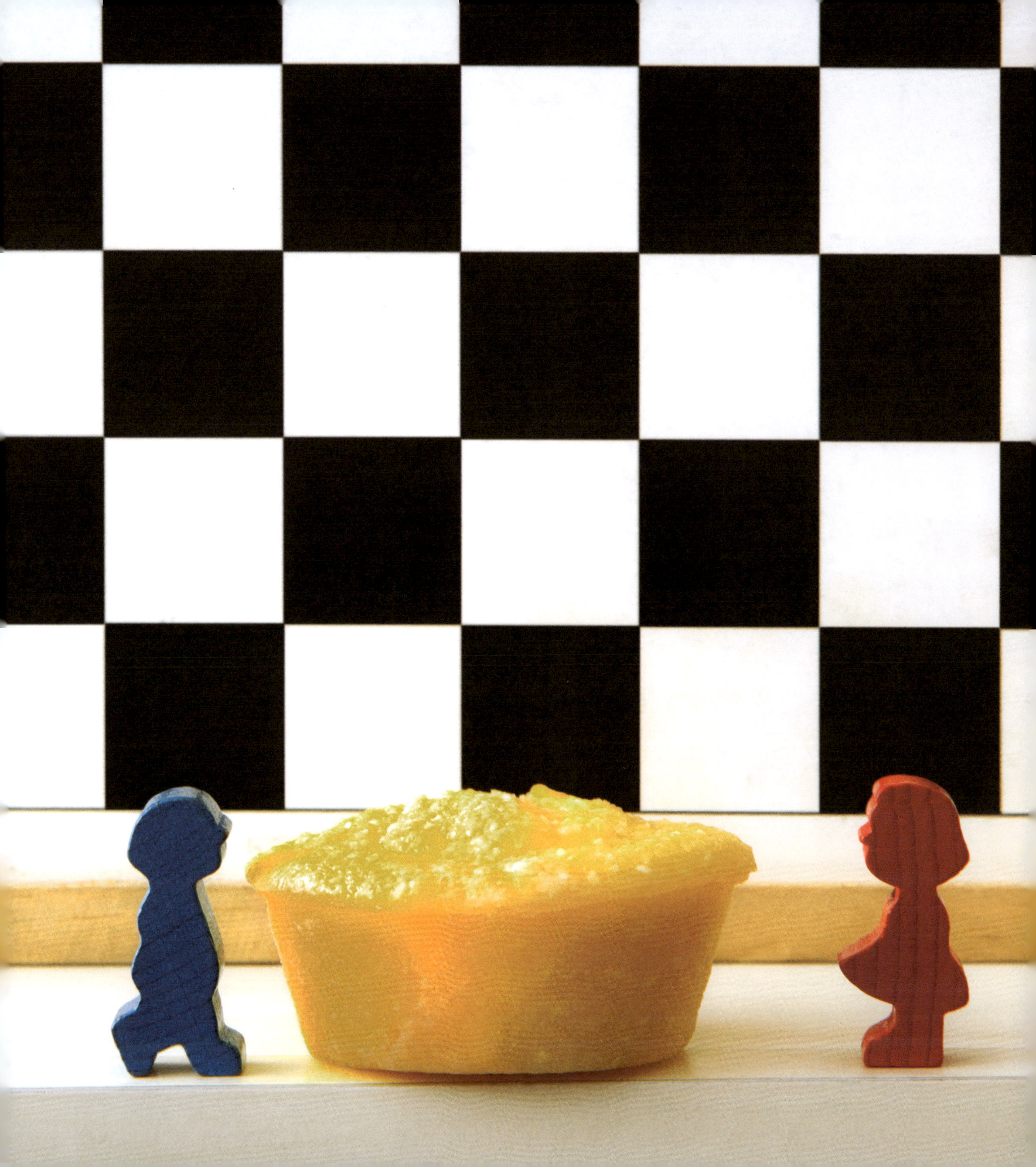

BOM-BOCADO DE MANDIOCA

Este doce de origem portuguesa é muito macio porque é feito com mandioca. Vamos provar?

INGREDIENTES

- **450 g** de mandioca sem casca muito bem picada
- **3** ovos
- **1** lata de leite condensado
- **6** colheres (sopa) de coco ralado fresco (ou seco)
- **1** pitada de sal
- **1/2** xícara de leite
- manteiga sem sal para untar

rendimento: 14 unidades (aproximadamente)

MÃOS À OBRA

CUIDE DAS FORMINHAS
Unte com um pouco de manteiga aproximadamente 14 forminhas de empada. Coloque-as numa assadeira.

NÃO ESQUEÇA DE ACENDER O FORNO
Ligue e preaqueça o forno em temperatura média (200°C).

FERVA A ÁGUA DO BANHO-MARIA
Coloque água numa panela e ferva.

ENQUANTO ISSO, BATA OS INGREDIENTES NO LIQUIDIFICADOR
Coloque no copo do liquidificador a mandioca, os ovos, o leite condensado, o coco, o sal e o leite. Bata até que misture bem. Despeje essa massa nas forminhas, enchendo até quase a borda.

ASSE EM BANHO-MARIA
Coloque a assadeira no forno. Com muito cuidado, despeje a água fervente na assadeira em quantidade suficiente para que fique mais ou menos na metade das forminhas. Essa técnica se chama banho-maria de forno. Asse por aproximadamente 35 minutos.

DEIXE ESFRIAR DENTRO DO FORNO
Após esse tempo, os bom-bocados estarão ainda um pouco moles. Desligue o forno, mas não retire as forminhas. Deixe que os bom-bocados esfriem lá dentro. Assim, terminarão de assar sem que as bordas ressequem.

COMA QUE É UMA DELÍCIA!
Retire do forno, passe uma faca em volta das bordas das forminhas e desenforme. Arrume os bom-bocados num prato e sirva morno ou frio.

SE VOCÊ QUISER SABER MAIS SOBRE BANHO-MARIA, O QUE É UMA PITADA, COMO UNTAR UMA FÔRMA OU PREAQUECER O FORNO, AS INFORMAÇÕES ESTÃO NO CAPÍTULO *É IMPORTANTE SABER COMO...* NA PÁGINA 31.

BARRINHAS DE CEREAIS E FRUTAS SECAS

Feitas em casa ficam ainda mais gostosas!

INGREDIENTES

- 1/2 xícara de aveia em flocos grandes
- 1/2 xícara de flocos de milho sem açúcar
- 1/2 xícara de cereal de chocolate (aquele que tem formato de bolinha)
- 1/2 xícara de damasco seco picado
- 1/2 xícara de uva-passa sem semente
- 1/2 xícara de castanha-do-pará picada
- 1/4 de xícara de coco ralado seco
- 6 1/2 colheres (sopa) de glucose de milho
- 3 colheres (sopa) de doce de leite

rendimento:
12 a 16 unidades (aproximadamente)

MÃOS À OBRA

MISTURE OS INGREDIENTES
Misture numa tigela com uma colher a aveia, os flocos de milho, o cereal de chocolate, o damasco, a uva-passa, a castanha-do-pará e o coco ralado. Acrescente a glucose de milho e o doce de leite. Pegue outra colher para ajudar, porque nessa hora a massa vai ficar meio grudenta. Misture bem (fica uma mistura bem pegajosa).

NÃO ESQUEÇA DE ACENDER O FORNO
Ligue e preaqueça o forno em temperatura média (200°C).

FORME AS BARRINHAS
Molhe as mãos para que a massa não grude, pegue uma porção da mistura e modele em forma de retângulos. Vá formando as barrinhas até terminar a massa e acomode numa assadeira grande.

HORA DE ASSAR
Leve ao forno e asse por aproximadamente 20 minutos.

BARRINHA FEITA EM CASA É MUITO MAIS GOSTOSA!
Retire do forno. Passe as barrinhas para uma travessa usando uma espátula e deixe esfriar completamente. Você pode guardá-las por até 3 dias num pote ou lata bem fechado.

VAMOS PRA COZINHA?
134

i
SE VOCÊ QUISER SABER COMO PREAQUECER O FORNO, A INFORMAÇÃO ESTÁ NO CAPÍTULO *É IMPORTANTE SABER COMO...* NA PÁGINA 37.

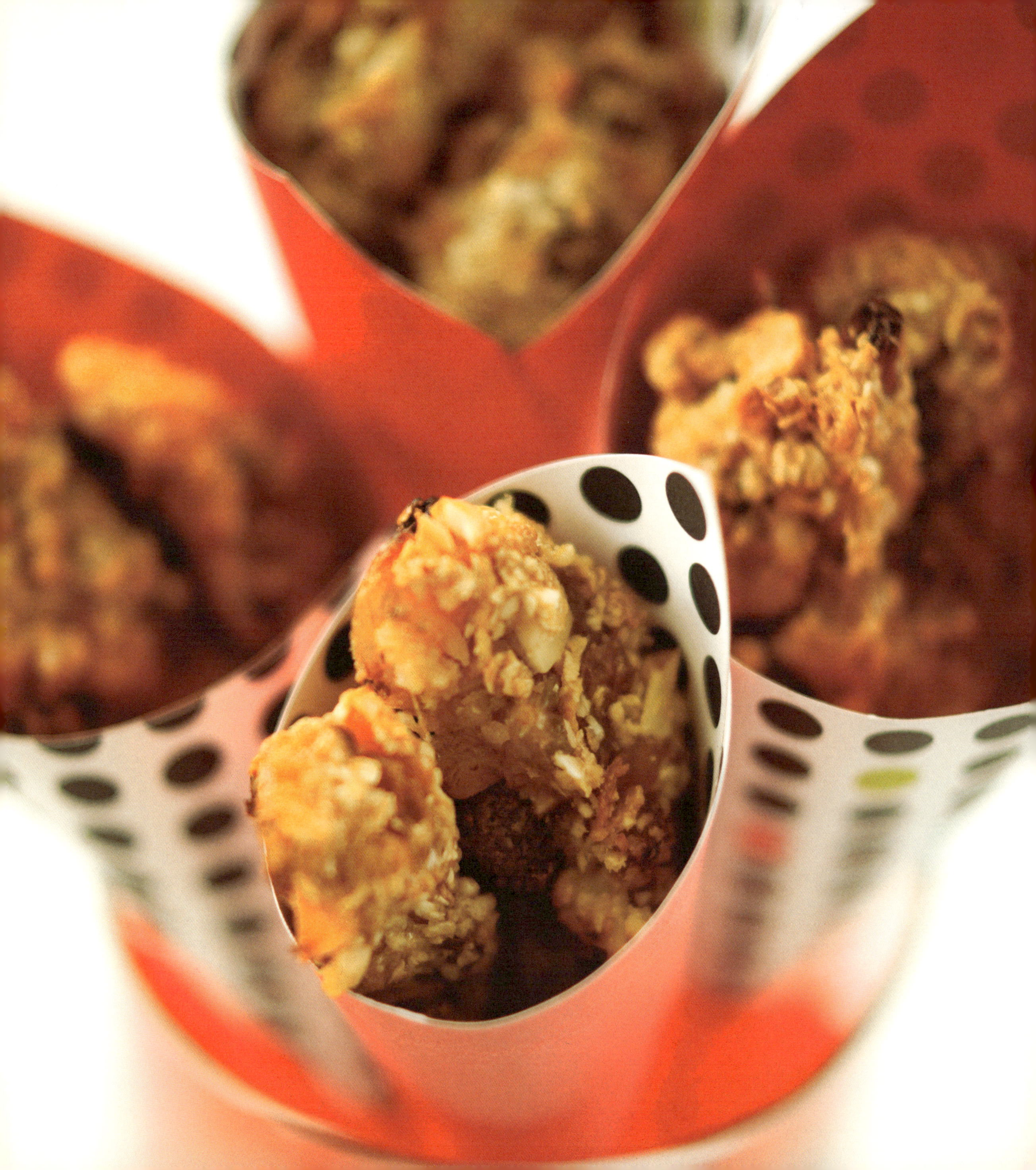

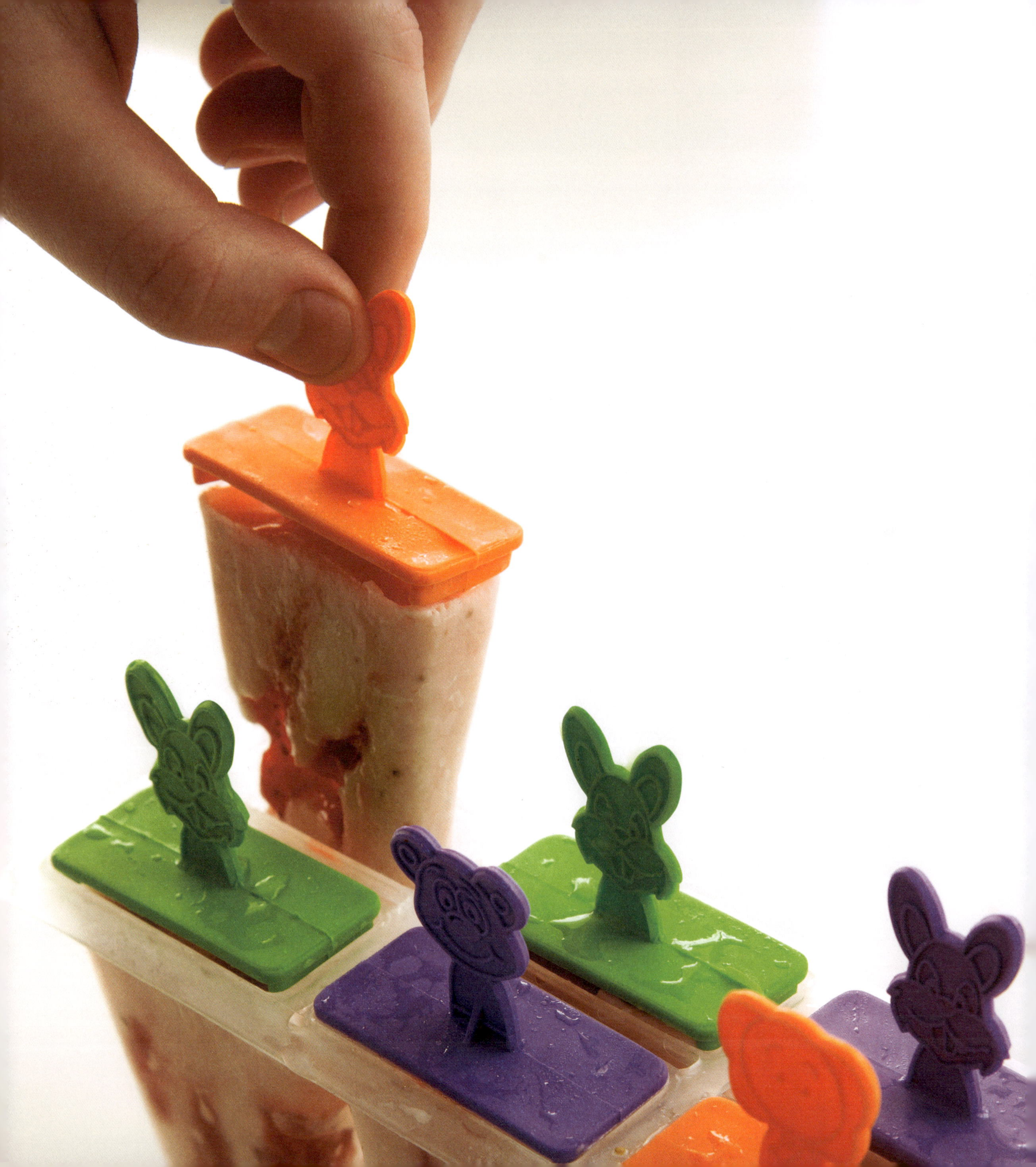

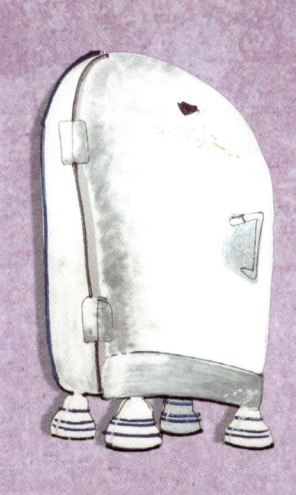

PICOLÉ DE MORANGO

Quando não for época de morango, faça esta receita com manga. É só substituir o morango pela mesma quantidade de manga descascada e cortada em pedaços grandes.

INGREDIENTES

- 1 xícara de leite
- 1 caixinha **(200 g)** de creme de leite
- 1 caixinha **(300 g)** de morango lavado e sem o cabinho
- 6 colheres (sopa) de açúcar
- 1 pote **(170 g)** de iogurte natural
- 12 colheres (chá) de geleia de morango (ou compre uma que venha com bastante fruta)

rendimento: 24 unidades (aproximadamente)

MÃOS À OBRA

BATA OS INGREDIENTES NO LIQUIDIFICADOR
Coloque no copo do liquidificador o leite, o creme de leite, o morango, o açúcar e o iogurte e bata por 2 minutos.

COLOQUE NAS FORMINHAS
Despeje a mistura com cuidado em forminhas de picolé, xícaras ou copinhos de plástico. Despeje 1 colher de chá de geleia em cada forminha. Espete os palitos no meio e leve ao freezer por pelo menos 3 horas para que endureçam bem. Se os palitos não se fixarem com a mistura líquida, leve ao freezer por 20 minutos, retire, espete os palitos e retorne ao freezer.

HORA DE DESENFORMAR O PICOLÉ
Coloque água fria numa bacia, mergulhe a forminha na água por alguns segundos e puxe com firmeza pelo palito.

QUEM RESISTE A UM PICOLÉ?
Você pode tomar na hora ou colocar os picolés numa assadeira, cobrir com papel-alumínio e levar de volta ao freezer. Assim, você poderá tomá-los na hora que quiser.

SE VOCÊ QUISER SABER MAIS SOBRE O USO DO CREME DE LEITE, A INFORMAÇÃO ESTÁ NO CAPÍTULO É IMPORTANTE SABER COMO... NA PÁGINA 37.

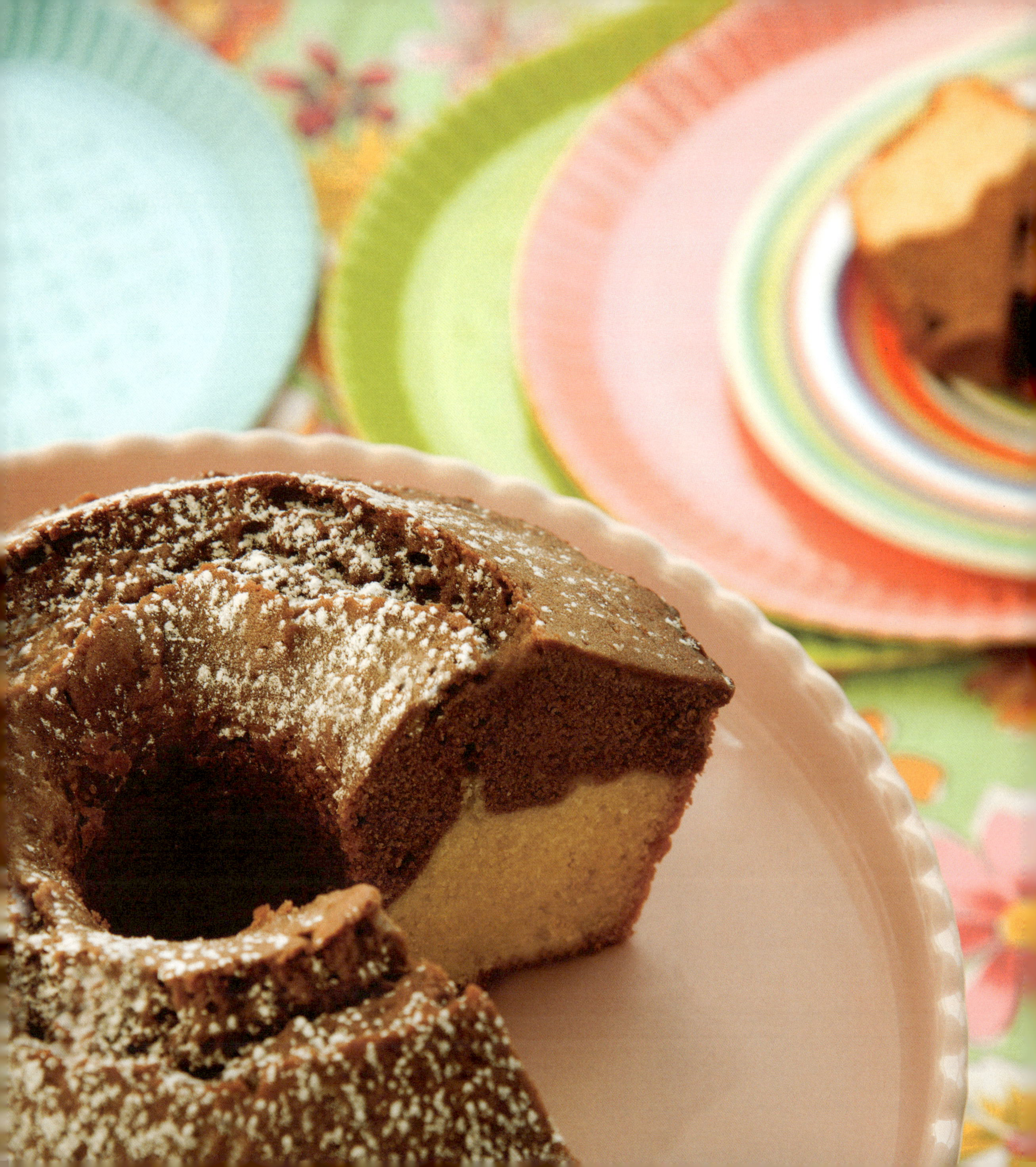

BOLO BICOLOR

A novidade é que este bolo tem dois sabores.

INGREDIENTES

- 1 1/2 xícara de farinha de trigo
- 1 colher (chá) de fermento em pó
- 3/4 de xícara + **1** colher (sopa) de manteiga sem sal em temperatura ambiente
- 1 xícara de açúcar
- 3 ovos
- 4 colheres (sopa) de leite
- 2 colheres (sopa) de chocolate em pó peneirado
- manteiga sem sal para untar
- açúcar de confeiteiro para peneirar

rendimento: 12 porções (aproximadamente)

MÃOS À OBRA

PRIMEIRO, FAÇA A MASSA BRANCA
Coloque uma peneira sobre uma tigela. Peneire a farinha e o fermento. Bata na tigela da batedeira a manteiga com o açúcar até formar um creme. Junte os ovos e continue a bater até misturar bem. Agora coloque os ingredientes peneirados, alternando com o leite, e bata mais um pouquinho. Assim fica mais fácil bater e a massa fica mais leve.

DEPOIS, PREPARE A MASSA DE CHOCOLATE
Despeje numa tigela metade da massa branca, acrescente o chocolate em pó e misture bem.

NÃO ESQUEÇA DE ACENDER O FORNO
Ligue e preaqueça o forno em temperatura média (200°C).

CUIDE DA FÔRMA
Unte com um pouco de manteiga uma fôrma com furo no meio de 18 centímetros de diâmetro.

COLOQUE UMA MASSA SOBRE A OUTRA
Escolha uma das massas para começar. Espalhe, por exemplo, a massa branca no fundo da fôrma e por cima a massa com chocolate.

HORA DE ASSAR O BOLO
Leve ao forno na grade do meio e asse por 30 a 40 minutos, até dourar. Para saber se o bolo está pronto, faça o teste do palito: abra o forno e espete a massa, se o palito sair seco, o bolo estará pronto.

DESENFORME E COMA ESSA DELÍCIA!
Retire do forno, espere 5 minutos e desenforme num prato de servir. Na hora de comer, peneire um pouco de açúcar de confeiteiro por cima.

VAMOS PRA COZINHA?

i

SE VOCÊ QUISER SABER O QUE É MANTEIGA EM TEMPERATURA AMBIENTE, COMO UNTAR UMA FÔRMA OU PREAQUECER O FORNO, AS INFORMAÇÕES ESTÃO NO CAPÍTULO *É IMPORTANTE SABER COMO...* NA PÁGINA 31.

BOLO DE BANANA

Além de bom, este bolo é sustentável. Aproveitamos tanto as bananas quanto as cascas.

INGREDIENTES

- **3** bananas-nanicas bem maduras amassadas com um garfo
- casca de **2** bananas-nanicas lavadas e cortadas em cubos bem pequenos
- **2** ovos
- **6 1/2** colheres (sopa) de óleo de milho
- **1 3/4** xícara de farinha de trigo
- **1 1/2** xícara de açúcar
- **1** colher (chá) de fermento em pó
- **1/2** colher (chá) de bicarbonato de sódio
- **1** pitada de sal
- manteiga sem sal para untar
- açúcar para polvilhar

rendimento: 12 porções

MÃOS À OBRA

ACENDA O FORNO
Ligue e preaqueça o forno em temperatura alta (220°C).

MISTURE OS INGREDIENTES
Coloque todos os ingredientes numa tigela e misture muito bem.

CUIDE DA FÔRMA
Unte com um pouco de manteiga uma fôrma redonda com furo no meio de 18 a 20 cm de diâmetro e despeje nela a massa.

HORA DE ASSAR O BOLO
Leve ao forno e asse por 10 minutos. Depois abaixe a temperatura para 180°C e asse por aproximadamente 25 minutos. Para saber se o bolo está pronto, faça o teste do palito: abra o forno e espete a massa, se o palito sair seco, o bolo estará pronto.

VALE A PENA EXPERIMENTAR!
Retire do forno, espere 5 minutos e desenforme num prato de servir. Na hora de comer, peneire por cima um pouco de açúcar.

VAMOS PRA COZINHA?

ⓘ SE VOCÊ QUISER SABER O QUE É UMA PITADA, COMO LAVAR OS ALIMENTOS, UNTAR UMA FÔRMA OU PREAQUECER O FORNO, AS INFORMAÇÕES ESTÃO NO CAPÍTULO *É IMPORTANTE SABER COMO...* NA PÁGINA 31.

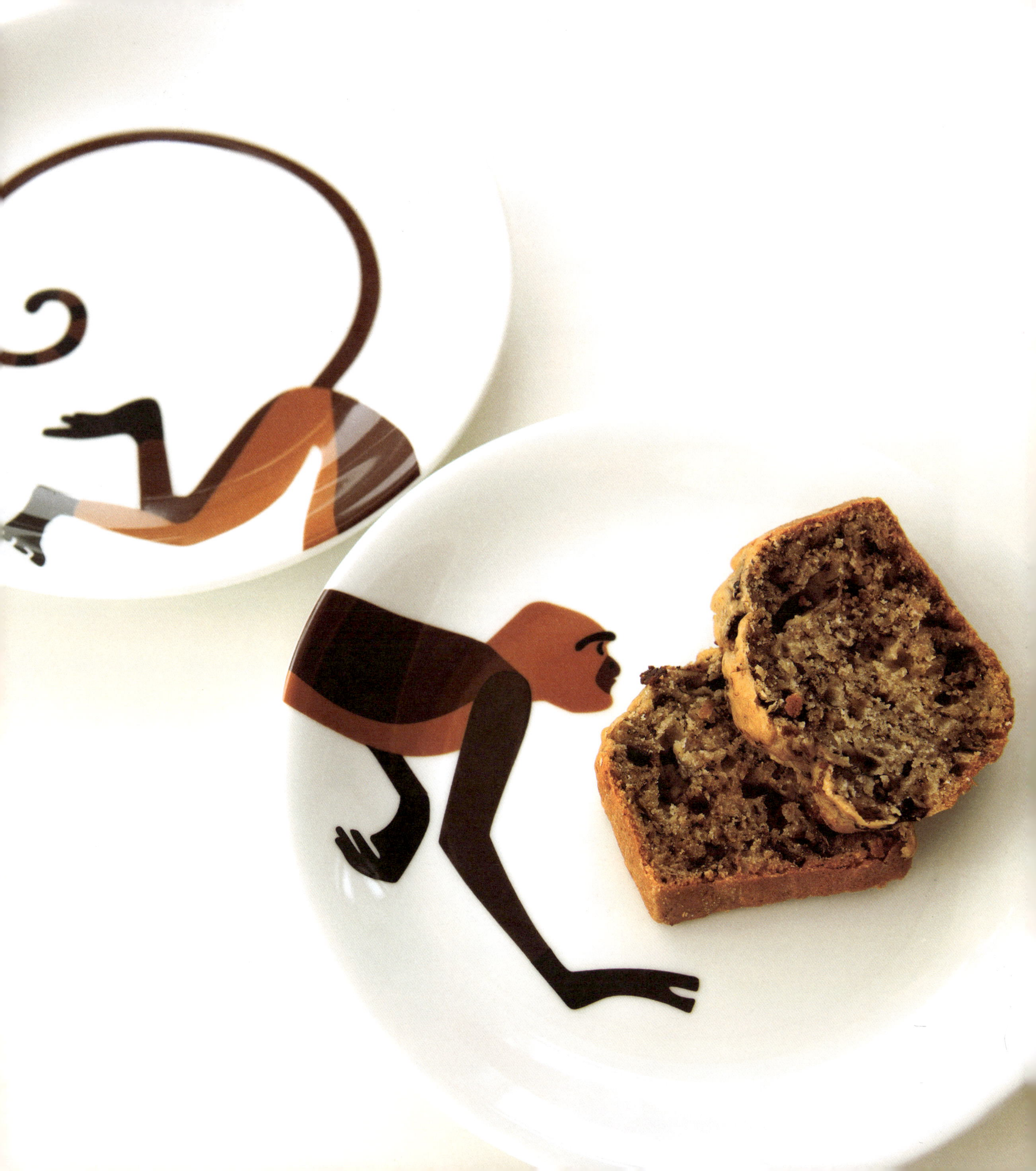

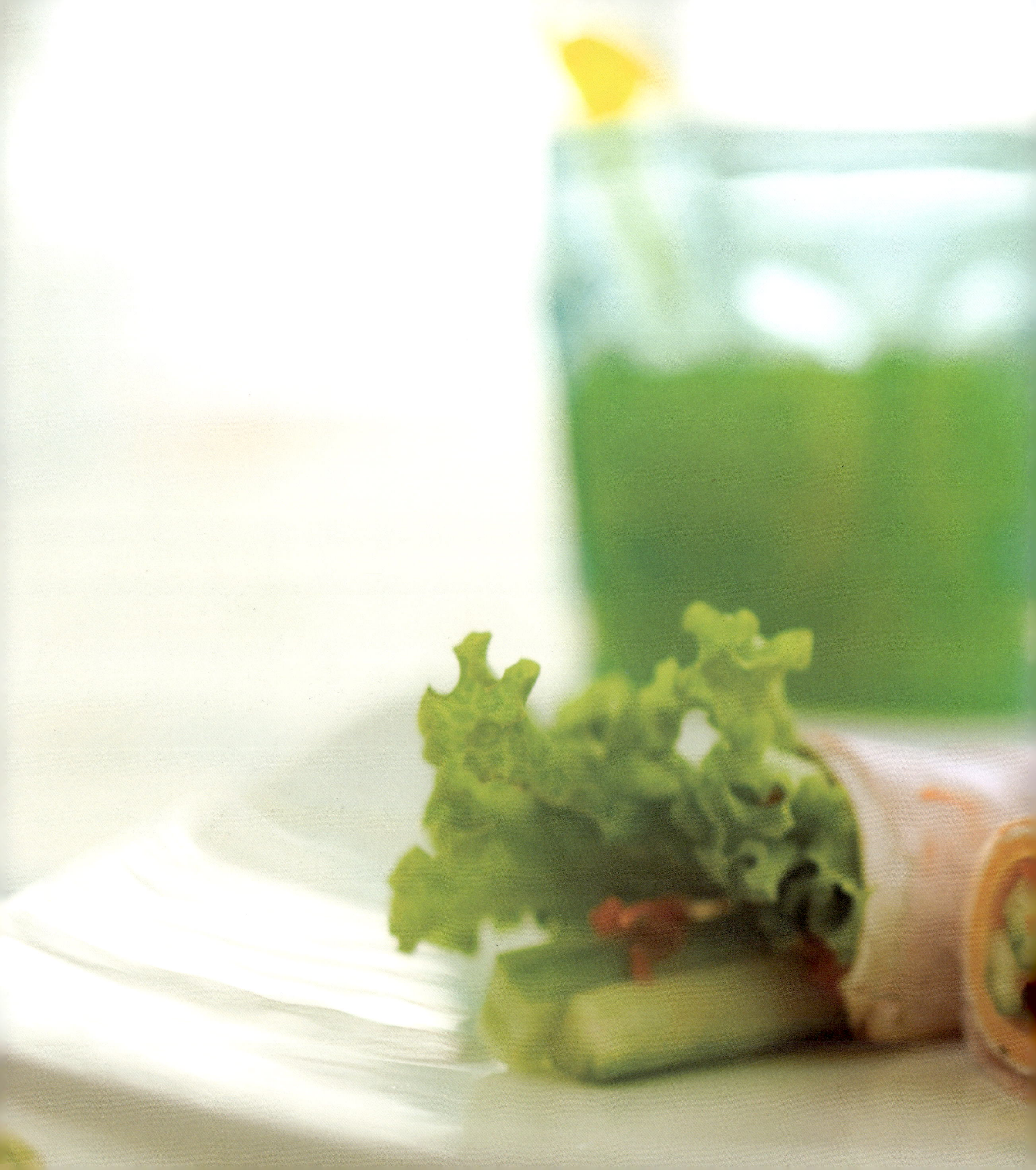

SANDUÍCHE DO AVESSO

Para entender... só fazendo!

INGREDIENTES

MOLHO DE SALSINHA

- 1/4 de xícara de folhas de salsinha lavadas
- 2 1/2 colheres (sopa) de vinagre de vinho branco
- 1/4 de xícara de óleo de milho
- 1/4 de xícara de azeite de oliva

MAIONESE VERDE

- 8 colheres (sopa) de maionese
- 6 colheres (sopa) de molho de salsinha

SANDUÍCHE

- 1 cenoura lavada sem casca
- 4 fatias de queijo Cheddar
- 2 fatias de peito de peru
- 8 quadrados de pão-folha cortados com tesoura (mais ou menos do tamanho das fatias de frios)
- 8 ramos de rúcula lavados
- • raminhos de cebolinha-francesa para amarrar (Peça para um adulto mergulhar em água fervente e depois em água com gelo. Vai ficar mais maleável para amarrar.)
- 2 fatias de presunto
- 1 pepino lavado, sem casca e cortado em palitos
- 8 azeitonas portuguesas sem caroço
- 4 folhas de alface-crespa lavadas

rendimento: 4 pessoas

VAMOS PRA COZINHA? **143**

i

SE VOCÊ QUISER SABER COMO LAVAR OS ALIMENTOS, A INFORMAÇÃO ESTÁ NO CAPÍTULO *É IMPORTANTE SABER COMO...* NA PÁGINA 31.

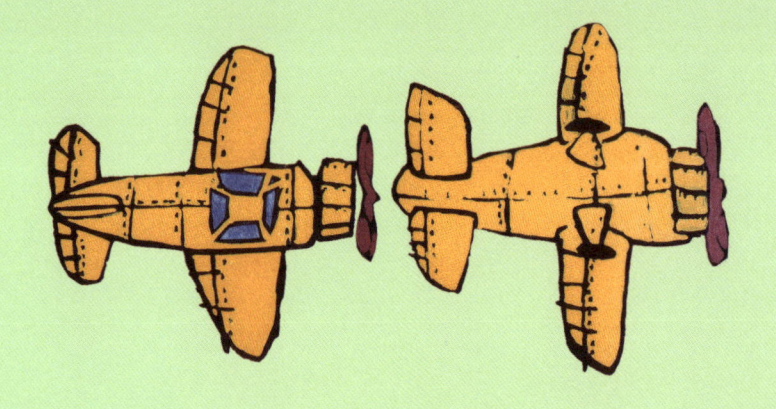

MÃOS À OBRA

PRIMEIRO, FAÇA O MOLHO DE SALSINHA
Coloque no copo do liquidificador todos os ingredientes e bata até que fique bem verde.

DEPOIS, PREPARE A MAIONESE VERDE
Junte numa tigela a maionese e 6 colheres de sopa do molho e misture bem.

HORA DE MONTAR OS SANDUÍCHES
Vamos fazer duas sugestões, mas você pode escolher os ingredientes que preferir e montar como achar mais gostoso e bonito.

SANDUÍCHE DE CHEDDAR COM PEITO DE PERU, CENOURA E RÚCULA
Rale a cenoura no ralador e reserve. Coloque sobre uma tábua todos os ingredientes do sanduíche. Pegue uma fatia de queijo Cheddar, coloque sobre ela uma de peito de peru, passe um pouco de maionese verde, coloque a fatia de pão, passe mais um pouco de maionese, coloque um pouco da cenoura e 1 ramo de rúcula, deixando que apareçam nas pontas. Enrole e amarre com 1 raminho de cebolinha ou corte o rolinho como se fosse um sushi.

SANDUÍCHE DE PRESUNTO COM QUEIJO, PEPINO, AZEITONA E ALFACE
Coloque sobre uma tábua todos os ingredientes do sanduíche. Pegue 1 fatia de presunto coloque 1 fatia de queijo Cheddar por cima, passe a maionese, acomode o pão, passe mais um pouco de maionese, coloque o pepino, 2 azeitonas e a alface-crespa. Enrole e amarre com 1 raminho de cebolinha ou corte em rolinhos.

OBSERVAÇÃO:
o molho de salsinha que sobrar pode ser guardado na geladeira em um pote bem fechado por até 4 dias.

SUCO DE COCO

Experimente este suco diferente, feito com a água e polpa de coco.

MÃOS À OBRA

Coloque no copo do liquidificador todos os ingredientes e bata muito bem até que forme um líquido branco e espumoso. Sirva imediatamente.

* Ao comprar o coco, peça para o vendedor retirar a água e partir a fruta ao meio. Dessa forma, é só você retirar a polpa depois.

INGREDIENTES

- água de **1** coco verde (aproximadamente **2** xícaras)
- polpa de **1** coco verde*
- **1** colher (sopa) de açúcar (se quiser)
- **4** cubos de gelo

rendimento: 4 porções

HOJE É DIA DE PIC NIC!

PARA OS DIAS ESPECIAIS

Um dia especial não precisa ser necessariamente Dia das Mães, Dia dos Pais, um feriado ou aniversário de alguém, mas um dia em que estamos com vontade de cozinhar e dividir a comida com quem a gente gosta. Na verdade, qualquer dia pode ser especial. Para essas ocasiões, sugerimos alguns cardápios – uma combinação de vários pratos para tornar a data escolhida ainda mais gostosa.

Café da manhã do Dia das Mães
- panquecas para o café da manhã
- ovos mexidos com tomate e manjericão
- suco de laranja

Dia de piquenique
- sanduíches de patê de ovo com azeitona (leve num isopor ou geladeirinha para conservar bem)
- bolo de banana
- bom-bocado de mandioca
- frutas fáceis de comer como banana, pera, pêssegos ou maçãs

Lanche na escola
- barrinhas de cereais e frutas secas
- limonada suíça bem geladinha (leve numa garrafa térmica)

Lanche em casa com os amigos
- bolinhos de polvilho
- ice-cream sandwich
- shake de banana

Almoço de Dia dos Pais
- salada de verdes, cenoura e granola salgada
- nhoque de batata com molho de tomate assado
- cheesecake com goiabada mole

Festa na piscina
- suco de coco
- iscas de frango empanadas com biscoito
- salada de batata com molho de iogurte e mostarda
- picolé de morango

Jantar para os amigos
- rocambole de carne recheado
- couscous marroquino colorido
- frutas com creme de chocolate

Chá da tarde com a vovó
- bolo bicolor
- torta de palmito pupunha
- bom-bocado de mandioca
- chá ou café e chocolate quente

Almoço de domingo
- sopa pipoca
- mini-hambúrgueres
- arroz de forno
- pavê de maracujá

Almoço de dia de sol
- salada mexicana
- filé de peixe empanado com queijo
- purê de batata
- salada de frutas com maria-mole

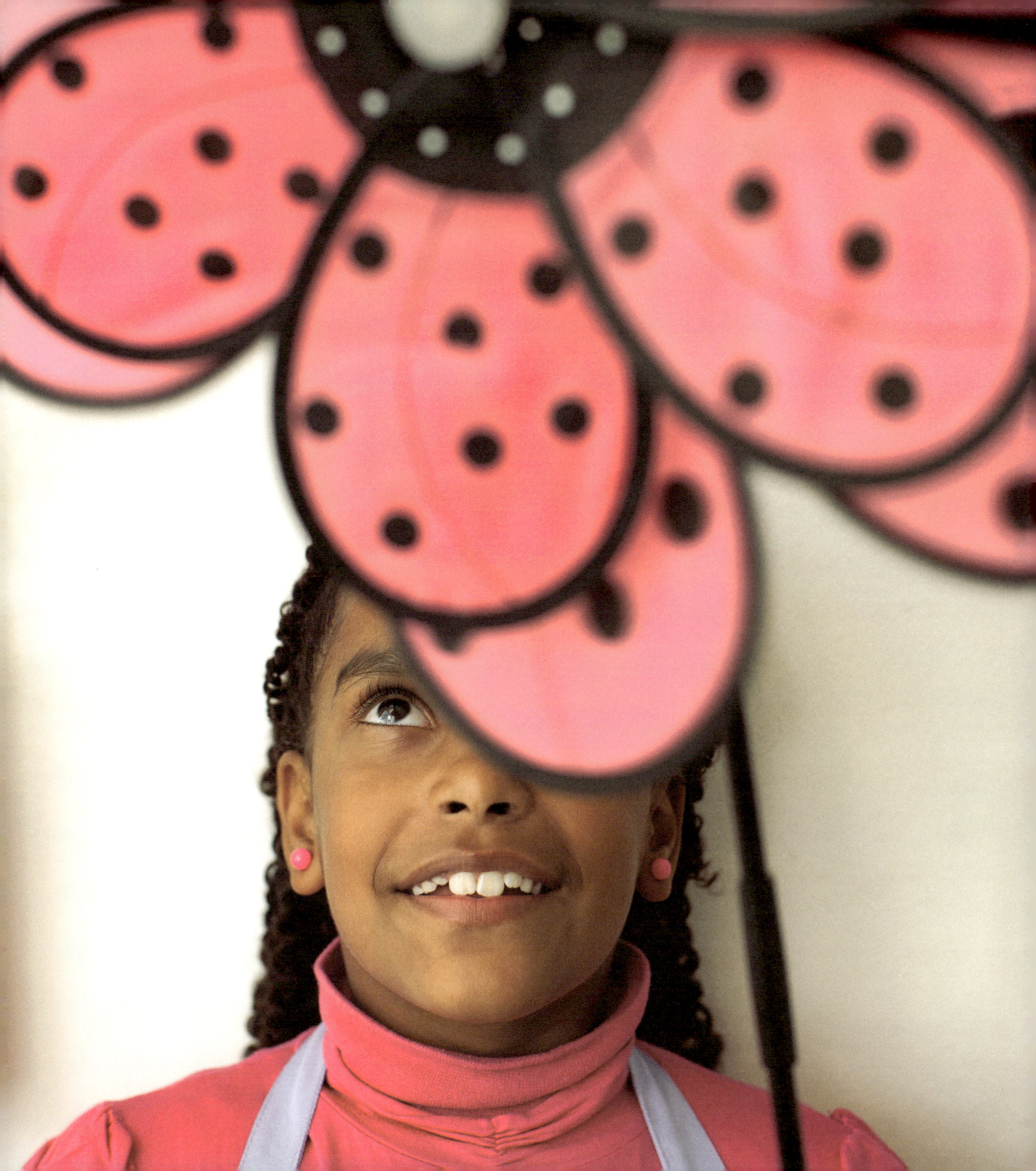

COZINHANDO COM AFETO

CADA UM TEM A SUA HISTÓRIA

Ao longo das nossas vidas vamos marcando o que gostamos de comer.

Os pratos preferidos e também os detestados. Durante esse tempo, vale mudar de ideia muitas vezes.

Essas experiências são diferentes para cada um de nós. Conta muito o lugar onde moramos, quem faz nossa comida, como e com quem compartilhamos nossas refeições. **Cada um tem uma história diferente para contar!**

MEMÓRIA AFETIVA

Sabem o que é isso? Vamos tentar explicar.

Uma receita + uma emoção = um prato que marca nossas vidas

A lembrança de um **prato** que era preparado durante certa época da nossa vida muitas vezes traz uma sensação de **conforto**. Não apenas porque ele nos dava água na boca, mas também porque estava acompanhado do **carinho** de quem o preparava para nós.

Quando alguém entrevista um cozinheiro famoso e lhe pergunta como começou a cozinhar, nove entre dez entrevistados falam de uma comida que a avó ou o tio faziam quando eles eram pequenos. E de como isso os levou, anos mais tarde, a escolher essa profissão. Isso vale para a maioria das pessoas que cozinham, profissionalmente ou não. Experimente perguntar para elas.

Memórias afetivas da Betty

Na minha casa, em dia de aniversário, minha mãe sempre fazia para o café da manhã o prato predileto do aniversariante. O meu era papo de anjo! Um bolinho de origem portuguesa que é embebido em calda de açúcar. Eu adorava apertar o bolinho contra o céu da minha boca, como se ele fosse uma esponja, para sentir a calda gelada. Hoje eu mudei e dificilmente como uma sobremesa tão doce! Mas se eu topar com um papo de anjo, sentir o seu cheiro, as lembranças da infância voltam, vem uma sensação de conforto e GLUB!

Na contramão dessa ideia, nunca vou me esquecer do dia em que estava deitada na cama da maternidade, esperando minha filha nascer. (Nessa hora, a gente não quer saber de conversa.) Minha mãe e a enfermeira resolveram falar sobre uma receita de bacalhau. Uma de cada lado da minha barriga, conversavam como se eu nem estivesse ali! Falavam sobre azeite, pimentões, cebolas e o tal bacalhau.

Ainda hoje como esse peixe com prazer, mas sempre lembro desta história. Difícil esquecer aquela cena! Ficou na minha memória!

Memórias afetivas da Gabriela

Tenho uma lembrança muito forte da cozinha da minha avó, que mora na Argentina. Ela era toda branca e laranja e de lá saíam os mais deliciosos aromas! Gostava muito de uma torta de verduras que ela fazia. Era simples, mas muito especial. Um dia, já adulta e cozinheira, tentei reproduzir a torta segundo a lembrança que eu tinha dela. Fiz a mistura de verduras que ela fazia e fui em busca do perfume característico da sua receita. E acertei em cheio: cominho! Uma especiaria muito usada por lá, aromática e bem marcante. É claro que a minha torta não ficou tão boa quanto a dela (porque nada é tão gostoso como comida de avó!), mas ao cortar a primeira fatia fui transportada de novo para aquela cozinha aconchegante, onde passei tantos momentos felizes ao redor da mesa!

Mas por outro lado... Não posso nem ver ervilha enlatada! Minha mãe, que não gosta muito de cozinhar, inventou um prato (que ela achava ótimo) à base de milho, molho de tomate enlatado e ervilha também enlatada. E fazia aquilo dia sim, dia não para que minha irmã e eu comêssemos antes de ir à escola. Ah! Já ia me esquecendo: a receita incluía também um ovo... Lembro da sensação de queimar a boca (ela servia sua especialidade numa cumbuca de barro, daquelas que não esfriam nunca!) e das ervilhas meio pastosas naquele molho... Não tem jeito: ervilha em lata nunca mais!

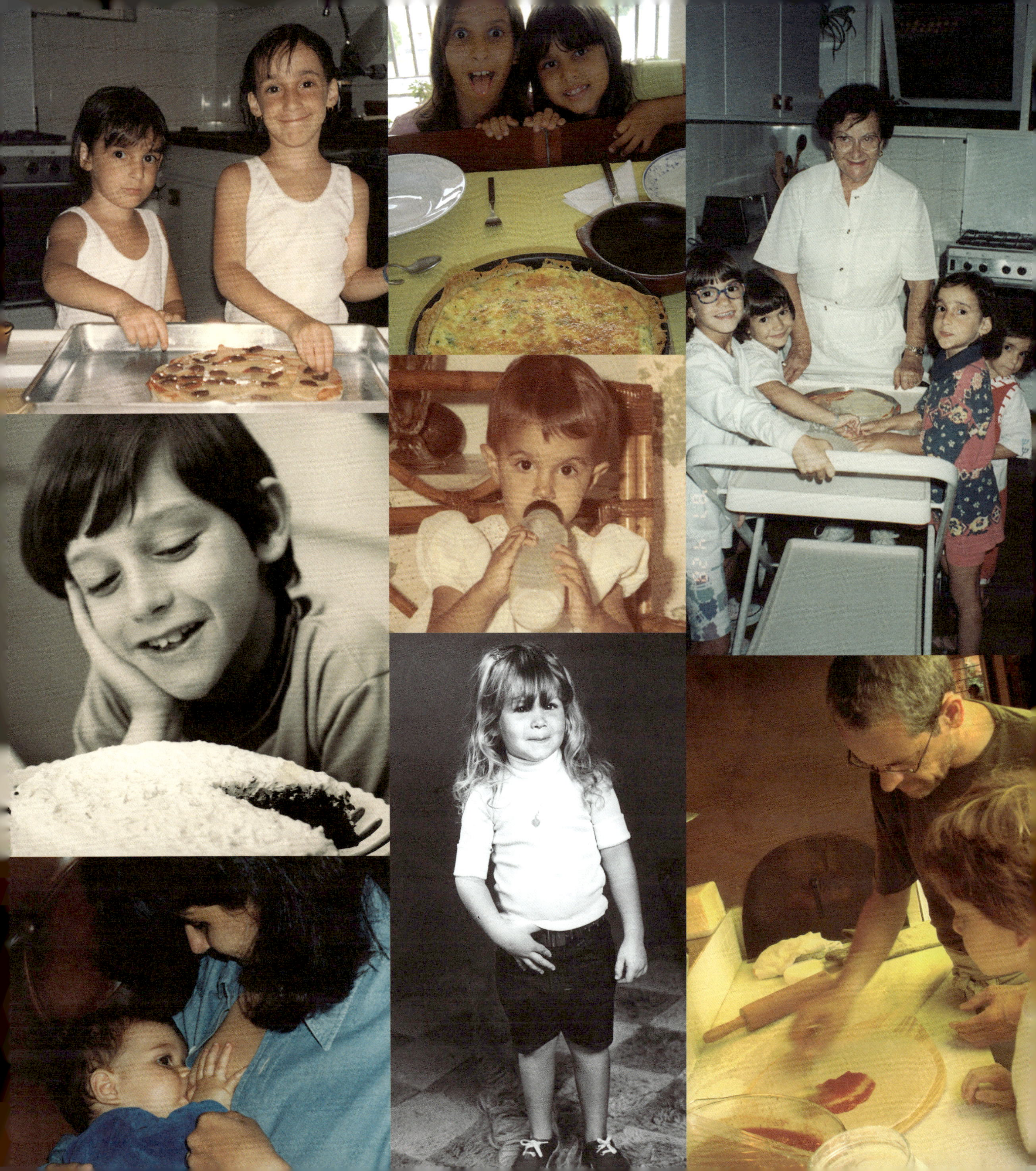

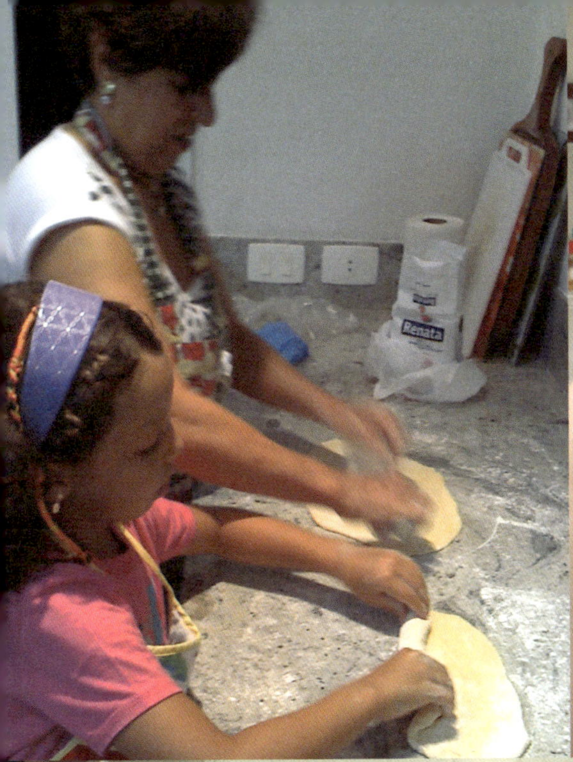
Renata
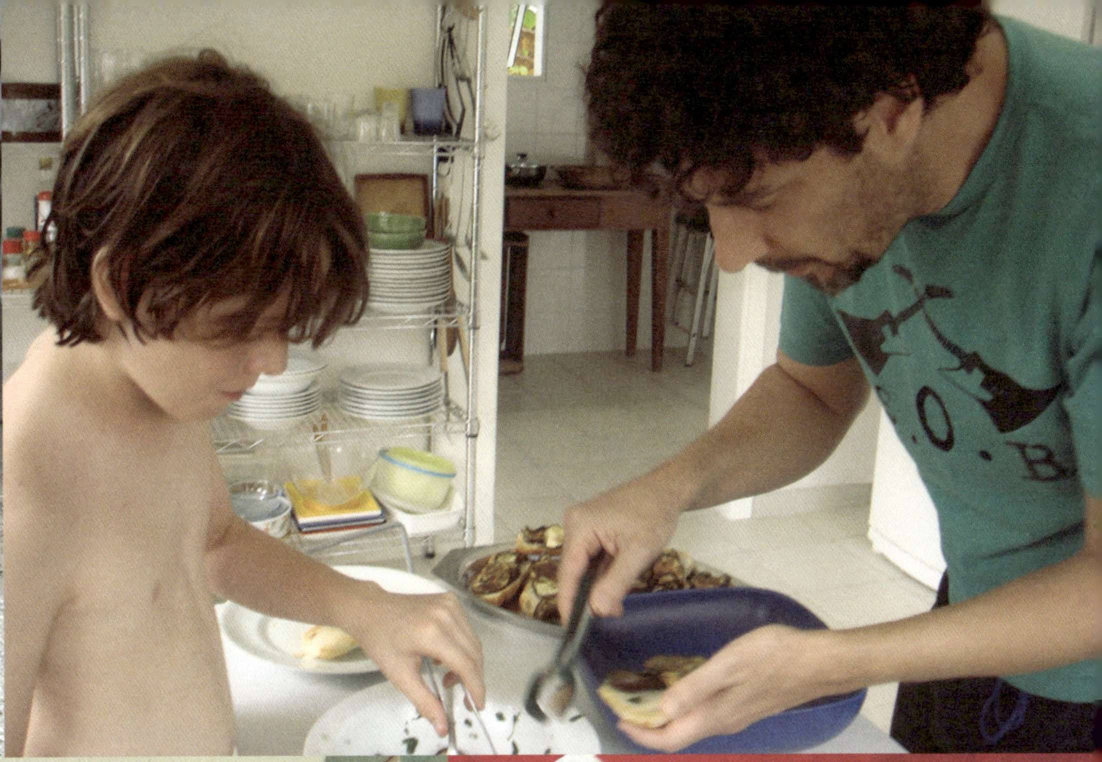
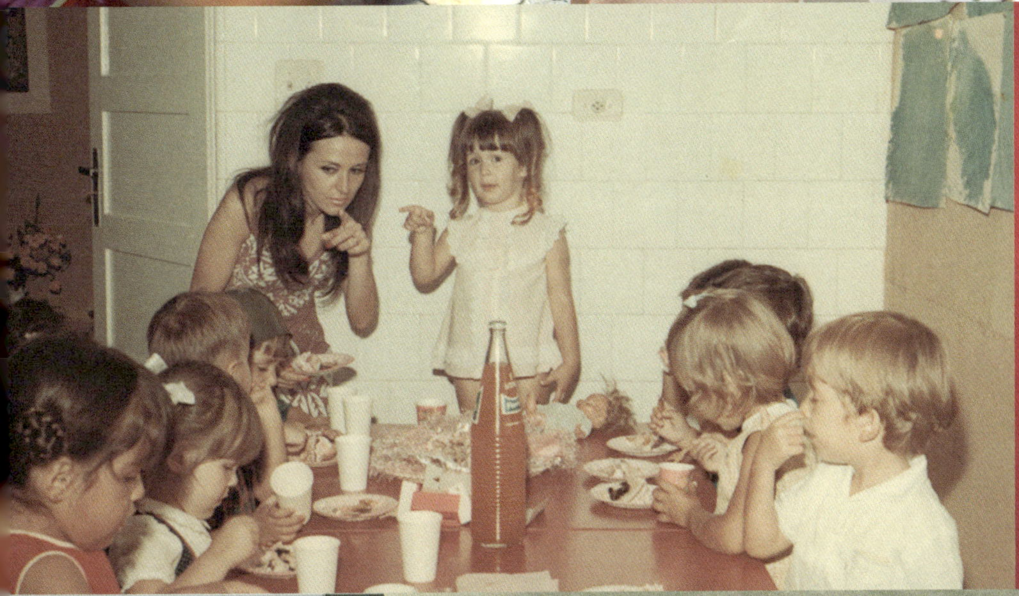
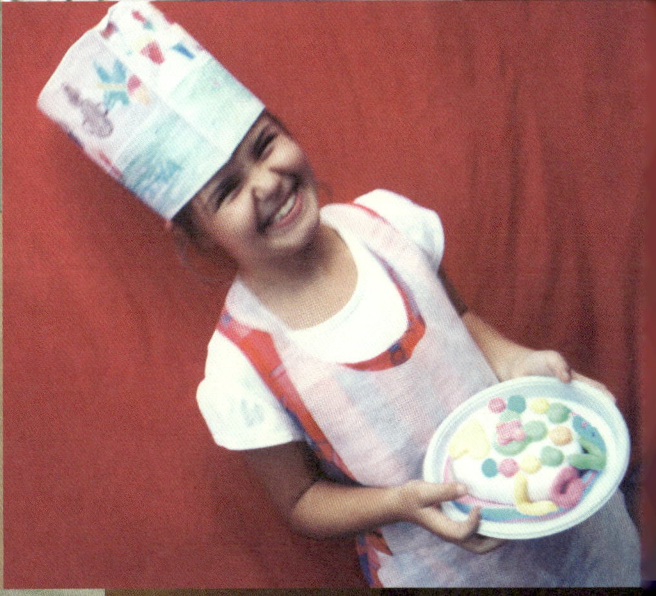
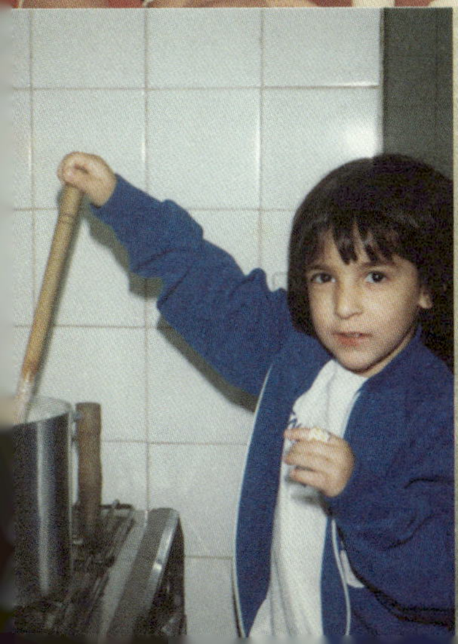
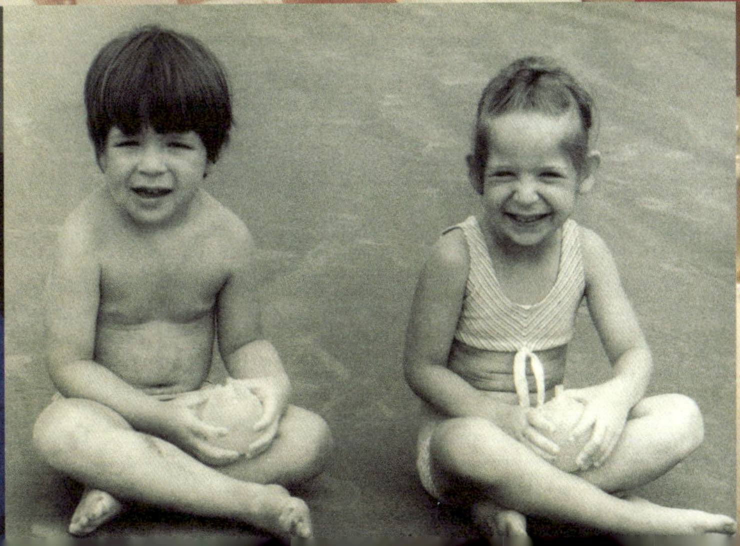
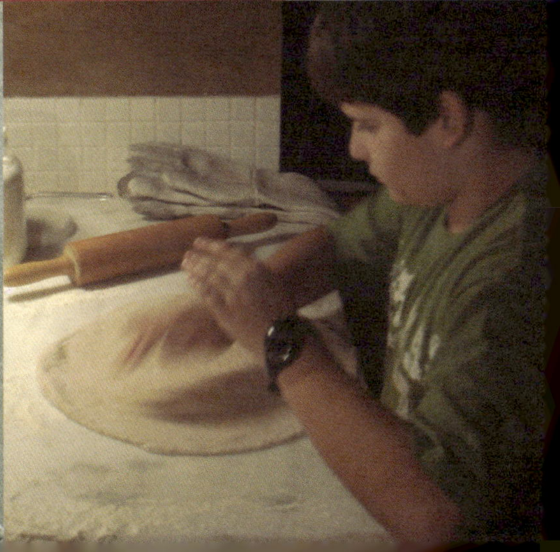

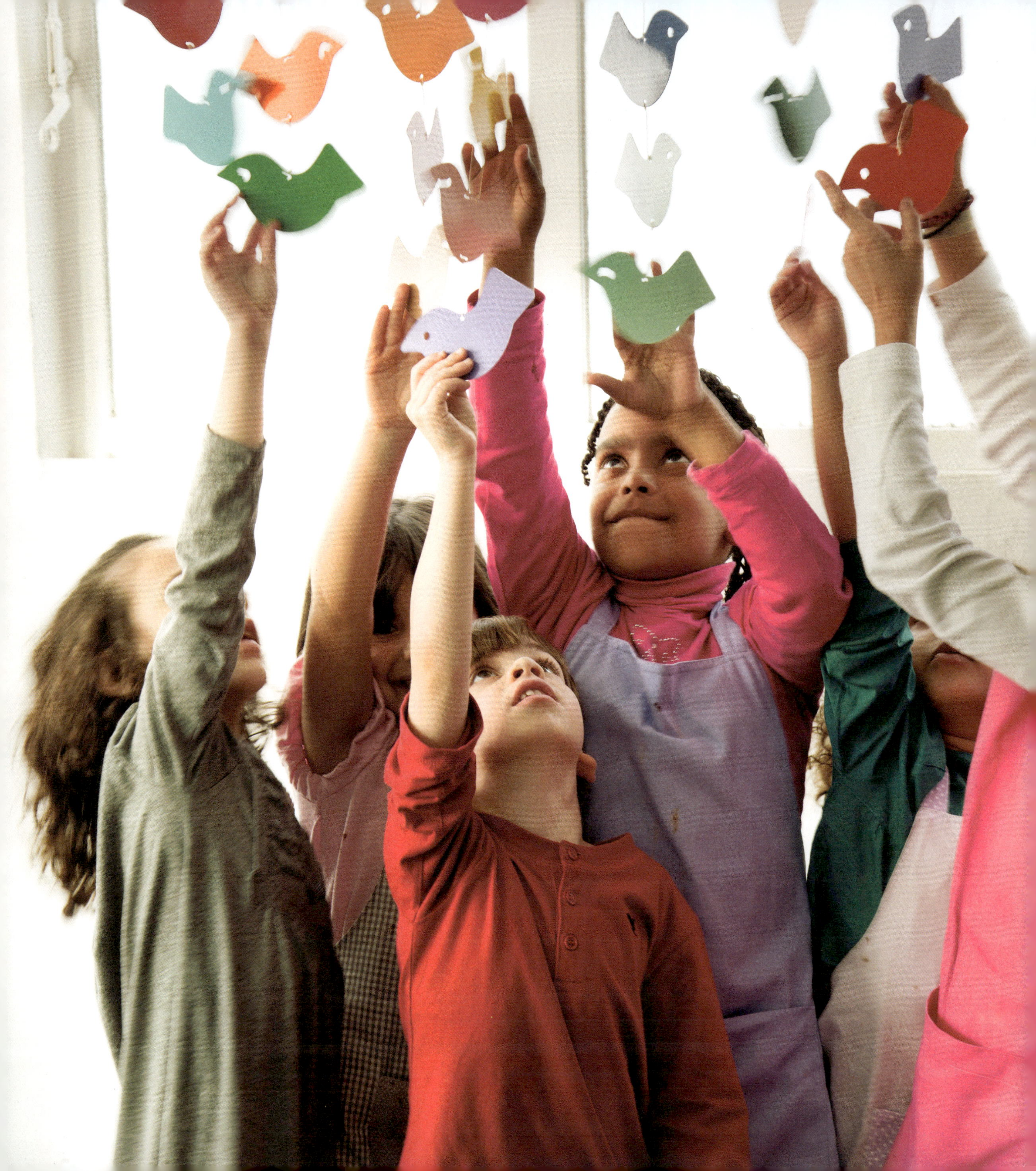

ÍNDICE DE RECEITAS

começo

Torradinhas com creme de queijo 45

Salada de verdes, cenoura e granola salgada 46

Salada de batata com molho de iogurte e mostarda 48

Salada mexicana 51

Sopa de tomate com queijo derretido 52

Sopa pipoca 57

Patê de ovo com azeitona 58

meio

Salada de macarrão com pesto de salsinha 61

Torre de legumes e queijo 62

Penne com molho de queijo, presunto e cebolinha 65

Filé de peixe empanado com queijo 66

Frango com Catupiry 69

Espetinhos de legumes 70

Iscas de frango empanadas com biscoito 73

Couscous marroquino colorido 74

Mini-hambúrgueres 77

Purê de batata 80

Arroz de forno 82

Rocambole de carne recheado 85

Torta de palmito pupunha 87

Bolinhos de mandioca com espinafre 91

Nhoque de batata com molho de tomate assado 92

Rolinho de peixe com creme de espinafre gratinado 95

Bolo salgado de queijo de minas, brócolis e peito de peru 99

fim

Crumble de banana 101

Brownie 102

Ice-cream sandwich 105

Cheesecake de liquidificador com goiabada mole 107

Frutas com creme de chocolate 110

Baked Alaska 113

Pavê de maracujá 114

Salada de frutas com maria-mole 117

Quindão 118

sempre

Picolé de coco com ponta de chocolate 123

Bolinhos de polvilho 124

Limonada suíça 126

Shake de banana 127

Panquecas para o café da manhã 128

Ovos mexidos 131

Bom-bocado de mandioca 133

Barrinhas de cereais e frutas secas 134

Picolé de morango 137

Bolo bicolor 139

Bolo de banana 140

Sanduíche do avesso 143

Suco de coco 145

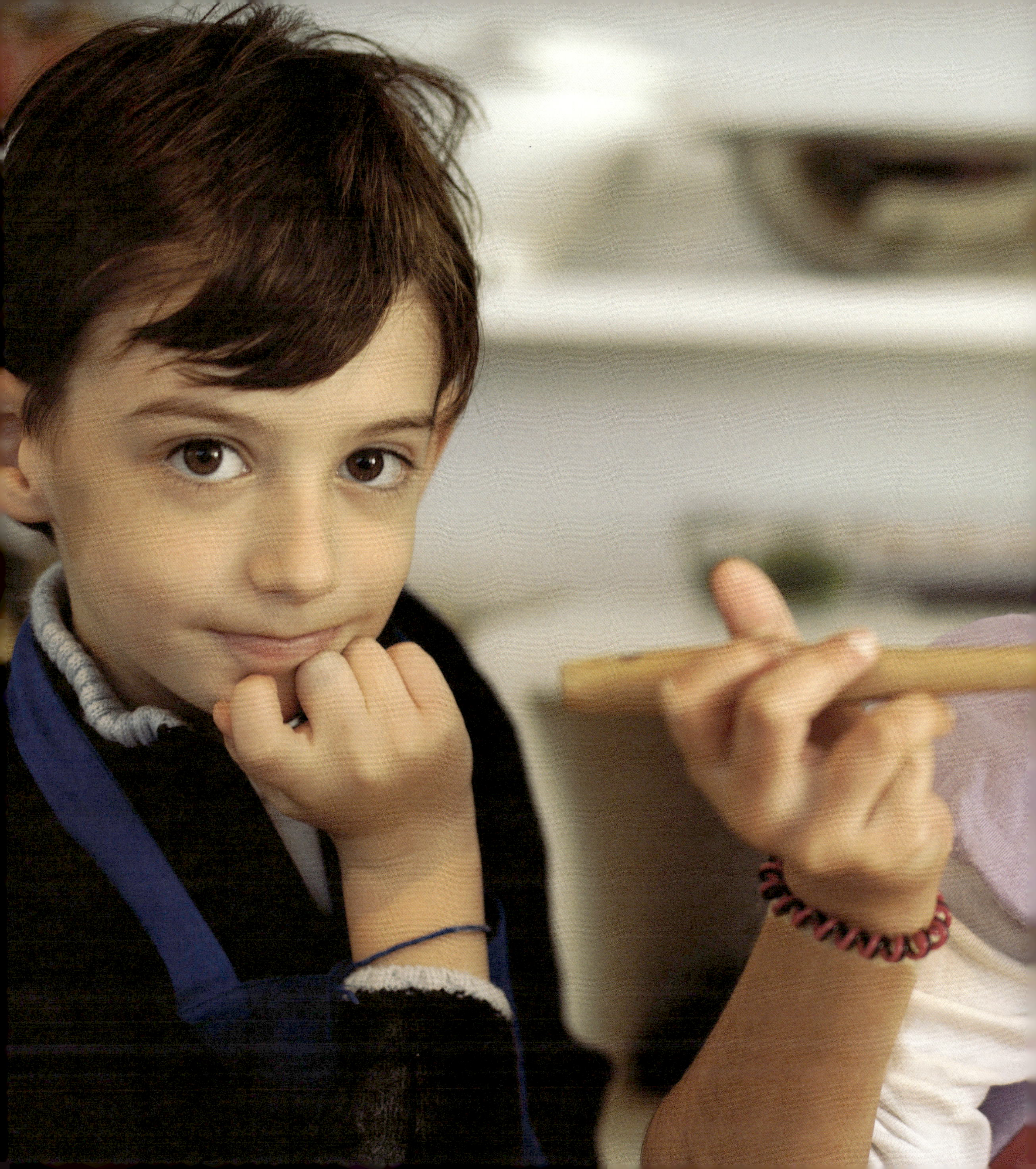

AGRADECIMENTOS

A Solange Marienberg, que ajudou a colorir o livro com os aventais da Cast Uniformes.

A Heloisa Bacellar, que nos emprestou objetos do seu Lá da Venda para nossas fotografias.

A Doris Sochaczewski, por ceder as Coisas da Doris também para as nossas produções.

A Priscila Cañedo, da Móbiles e outras Manufaturas, que nos emprestou seus móbiles e pendurais.

A equipe da Escola Wilma Kövesi de Cozinha, pelo envolvimento no preparo dos ingredientes para todos os testes: Daniela, Maviane, Kátia, Marcia, Regiane, Silvia, Rodolfo e sr. Raimundo – nosso muito obrigada!

Ao fotógrafo Romulo Fialdini, pela cumplicidade na transformação de nosso projeto em lindas fotos.

Ao Beto Faria, ilustrador do livro, pela graça de seu traço.

A Suli, design gráfica, pelas preciosas orientações.

A amiga e editora Adriana Amback, pela competente coordenação, produção fotográfica e pelo delicioso almoço-reunião na casa dela.

E a Alexandre Dórea Ribeiro, da editora DBA, por ter vibrado desde o início com a ideia deste livro.

Agradecimentos especiais às crianças que nos ajudaram a fazer o livro:

Alvaro Hibide Claver
Caio Prandini
Camila Dzialoschinsky
Débora Setera Kövesi
Dora Carvalhaes
Dora Cavalcanti Ehrlich
Elias Pereira Ramos Ferreira
Evilyn Loverdos Suzuki
Gabriel Diamand
Isabella Zampronio
Laysla Reis Santos
Lorenzo Eustáquio Fialdini
Michel Lancman Sarfatti
Ricardo Febrot Kövesi
Sofia Ebel

DBA Dórea Books and Art
alameda Franca, 1185 cj. 31/32
01422-001 São Paulo SP
tel.: (11) 3062 1643
fax: (11) 3088 3361
dba@dbaeditora.com.br
www.dbaeditora.com.br

Dados Internacionais de Catalogação na Publicação (CIP)
(Câmara Brasileira do Livro, SP, Brasil)

Kövesi, Betty
   Vamos pra cozinha? / Betty Kövesi e Gabriela Martinoli ; fotos Romulo Fialdini ; ilustração Beto Faria. – São Paulo : DBA Artes Gráficas, 2011.
   ISBN 978-85-7234-443-2

   1. Culinária - Literatura infantojuvenil I. Martinoli, Gabriela. II. Fialdini, Romulo. III. Título.

11-12819	CDD-028.5

Índices para catálogo sistemático:
1. Culinária : Literatura infantil   028.5
2. Culinária : Literatura infantojuvenil   028.5